犹太人的
教育智慧

犹太父母这样教孩子

Jewish
Educational
Wisdom

[以色列] 叶吉尔·哈拉里 / 著

王戎 / 译

彭湘墨 / 审校

浙江人民出版社

图书在版编目（CIP）数据

犹太人的教育智慧：犹太父母这样教孩子 / (以)叶吉尔·哈拉里著；王戎译. — 杭州：浙江人民出版社, 2023.1

ISBN 978-7-213-10803-7

Ⅰ.①犹… Ⅱ.①叶…②王… Ⅲ.①犹太人—家庭教育 Ⅳ.①G78

中国版本图书馆CIP数据核字（2022）第181816号

浙江省版权局
著作权合同登记章
图字：11-2019-388 号

犹太人的教育智慧：犹太父母这样教孩子

YOUTAIREN DE JIAOYU ZHIHUI : YOUTAI FUMU ZHEYANG JIAO HAIZI

［以色列］叶吉尔·哈拉里 著 王 戎 译

出版发行：浙江人民出版社〔杭州市体育场路 347 号 邮编：310006〕

市场部电话：（0571）85061682 85176516

责任编辑：潘海林 魏 力

营销编辑：陈雯怡 赵 娜 陈芊如

责任校对：王欢燕

责任印务：刘彭年

封面设计：东合社·安宁

电脑制版：北京之江文化传媒有限公司

印 刷：杭州丰源印刷有限公司

开 本：710 毫米 ×1000 毫米 1/16 印 张：18

字 数：210 千字 插 页：2

版 次：2023 年 1 月第 1 版 印 次：2023 年 1 月第 1 次印刷

书 号：ISBN 978-7-213-10803-7

定 价：58.00 元

如发现印装质量问题，影响阅读，请与市场部联系调换。

推荐序：犹太教育的独特价值

彭湘墨

几个月前，浙江人民出版社的编辑找到我帮忙推荐翻译两本来自以色列的关于犹太教育的书籍，于是我推荐了国内知名的希伯来语学者王戎老师，他之前已经翻译过《以色列：一个民族的重生》《独霸中东：以色列的军事强国密码》等多本重要著作，找他是再合适不过的了。王戎老师加班加点把《犹太人的教育智慧》这本书翻译了出来，我在审校过程中发现，译者的翻译十分贴切达意，信实且不失可读性地把该书翻译好了，我相信此书对许多父母和教育工作者大有裨益，我非常期待本书能尽早进入千家万户和各大学校及图书馆供读者阅读。诚然，犹太人的教育理念太值得我们学习了。

就在我撰写此文的时候，瑞典斯德哥尔摩传来2021年诺贝尔奖得主的消息，从公布的物理学奖和医学奖来看，2021年至少有4位犹太裔诺贝尔奖得主。截至目前，已有至少200名犹太人获得诺贝尔奖，约占所有诺贝尔奖得主的22%以上，犹太人的获奖数量是高于任何其他群体的。诺贝尔奖得主如此之众的背后是犹太人独特的求知精神和思维方式，这种精神和思维的培养自然很大程度上与其独特的教育方式直接相关。不只是在诺贝尔奖等科学领域,在商业、金融、教育、媒体、文化、艺术等其他方面的犹太裔杰出人士就更多了。

不论是人文科学、自然科学,还是在思维科学等领域,犹太人都有特别突出的代表人物。在短短几十年里,以色列涌现出了大量改变世界的科技创业公司,因而被称为创新创业的国度。犹太人在创业中常常标新立异,而不是抄袭模仿。这种与生俱来的创新精神是他们创业和经商中取胜的法宝之一。犹太人的思维方式和想法是非常多元的,他们绝不跟风从众,而是追求独立思考和决断。以色列之所以能成为创业创新强国,与犹太人的独特教育理念是分不开的。

从人类历史和现状来看,人数不到全球总人口千分之二的犹太民族对人类世界的文明贡献与其人口占比是极不相称的,犹太人在诸多领域的巨大成就和显著贡献是世人有目共睹的。犹太民族常被称为书的民族,与其说他们是书的民族,不如说是知识的民族,与其说是知识的民族,不如说是教育的民族,这个民族对人类社会的突出贡献可以说是其独特的教育理念与方式的结果。

犹太人与中国人一样极为重视教育,而犹太人眼里的教育绝非只有学校教育,他们更注重家庭教育和社会实践教育(非正式教育),教育是犹太人的文化和传统中最基本最重要的一项活动,因为没有教育,犹太人也就没办法阅读和学习他们的犹太经典,更没办法成为一个传统意义上真正合格的犹太人。在犹太传统文化中,对一个人最重要的评价不是依据他是否富有、美貌或强大,而是看他是否是个会学习的人,而会学习的人就会得到良好的教育。很多犹太人嗜书如命,对知识和智慧孜孜以求,他们也希望自己的子女得到良好的教育。有人说,犹太人会把书蘸上蜂蜜让幼儿去舔,以让其明白书或知识是甜蜜的,这种做法虽

推荐序：犹太教育的独特价值

然不是普遍现象，但有犹太母亲的确是这么做的，可见犹太人向往知识和注重教育的传统是十分特别的。犹太人这种教育态度从孩童时期一直贯穿整个人生，而且还有着深厚的历史根源。

公元1世纪，当时尚在古罗马帝国统治下的耶路撒冷处于非常强烈的外来压迫中，犹太人无法正常自由地坚持和发展自己的文化传统习俗，早期的犹太传统文化教育都由父母或其家庭长辈进行，但并非所有的父母都适合做老师。于是，当时的一位犹太大祭司约书亚·本·加马拉决定在各大城乡区域设立教学场所，派驻专门的老师去教授学生，进而创造性地开启了一个全新的学校公共教育系统，这也是人类历史上第一个公共教育体系，可以说世界首个正式的学校公共教育系统的起源就在2000年前的古以色列。

虽然犹太人创立了世界第一个学校教育系统，但他们的教育形式绝不仅仅局限于学校教育，学校教育只是补充家庭教育或非正式教育的不足，而不是取代后者。在现代社会中，甚至还有很多传统犹太人因为不认可学校教育而采取让自己家庭教授子女的教育方式。此外，犹太人的孩子在年少时便与长辈一起参与各种传统文化活动，与中国人一样，犹太人有非常多的传统节庆活动，几乎所有的犹太节日活动都有教育意义和教育内涵。而在这些活动中，孩子从未被忽视，他们是深度参与者。无论是逾越节还是光明节，无论是赎罪日还是大屠杀纪念日，孩子们总能得到关于独立精神和人生意义的深刻教育，他们在节庆活动中得到了极大的锻炼和启发。犹太人就是这样从小耳濡目染地接触和了解世间百态，进而探索人生目标与意义的。

犹太传统教育源自几个重要的核心理念，其中的Tikkon Olam，希伯来语意为"修补世界"，他们认为世界是不完美的，而且存在种种问题,而我们每一个人都是上帝独一无二的创造,每个人都应该体现自己的独特价值,也应该设法去改善这个世界。犹太传统文化中鼓励提问或质疑的行为,甚至在逾越节等节日要求孩子们提问,通过提问可以就某一个话题进行更深入的思考,同时也更能设法寻找答案。有时候他们的提问并非是为了让对方回答,而是让大家一起来探讨,或者希望对方被自己的问题引导。

父母的家庭教育及社会教育环境对犹太人的一生产生了举足轻重的影响,以色列创业之父约西·瓦迪曾多次对我说,以色列之所以成为创业的国度,主要是因为犹太母亲的作用。的确,好妈妈胜过好老师。父母的言传身教对孩子影响巨大,而这个影响可能是好的也可能是坏的。因此,做父母的,必须要明白自己应该做好孩子的第一任老师,《犹太人的教育智慧》一书通过对父母家庭教育的思考及大量的例子,阐述了父母该如何给孩子产生正面积极的影响,进而提升他们未来的人生价值。

[作者是马太财商创始人、非营利组织以色列计划(IPO)创始人]

自序：成为更好的父母

当我们开车把孩子送到校车停靠站时，孩子拒绝下车换乘校车，他说不想上学。我们想弄清楚这背后的原因，但他没有给出任何合理的解释。我们希望他只是一时兴起，于是试着改变他的态度，但他立场非常坚定，毫不妥协。作为父母，我们认为这件事没有商量的余地：他必须上学。当校车到来时，我们别无选择，只能逼着他上了校车。在接下来的日子里，我们和孩子之间的问题变得越来越严重，他下午放学回家后也不爱说笑了，把自己关在屋子里，并且经常出现一些异常反应。我们明白，这些危险的信号预示着他在学校也会出问题。但面对这种情况，我们也无能为力，想不出任何解决问题的办法。我们尝试倾听，和他聊天，劝他做出改变，给他买东西，以及建立和加强与老师及其他家长的联系。有时我们甚至会大吼大叫，失去理智。但一切都无济于事，孩子没有任何改变，还是不愿意去上学。

类似的情况并不少见，只是经常以不同的方式出现在每个家庭当中。面对这些让孩子和父母都感到十分痛苦的问题，我们很少进行干预。在大多数时候，我们更倾向于顺其自然，不会做出任何特别的改变。面对这些问题，我们完全可以运用犹太文化中哈西德①主义的方法来指导孩子，并让自己成为更好的父母。

客观地说，这种方法给我的家庭带来的变化让我和妻子都感到非常惊讶。我们两人都自认为是积极参与孩子成长的父母，并且有非常强烈的意识和意愿去满足孩子的需求。这种教育方法向我们揭示了看待父母角色的另一种视角，也让我们在之前感到困惑的问题上形成了更鲜明的立场，能够采取更坚决的行动。

在此之前，我们的育儿方法主要基于一些零散的信息，比如对自身教育经历的回忆、我们读过的文章，或许还受到我们自己一些有意识或被压抑的情感倾向的影响。这让我们看到自己在育儿方面的知识是多么欠缺。关于如何教育孩子，我们需要更连贯有序的教育原则，从而更好地履行父母的职责。

运用哈西德主义教育原则的结果非常明显，我们最大的收获在于一切问题变得非常明晰，之前那种令人感到无助的局面和无法解决的痛苦状态不复存在。现在，我们明确地知道自己需要做什么以及如何影响孩子的情绪，并让孩子在较短时间内回归正常的生活当中。就我们而言，在一年的时间内，我们看到了让孩子接受的这些原则，是如何多方面发挥重要作用的，这使他能够克服一些潜在的危险情绪，保持内心的喜悦和幸福。

我记得当时我正忙于写作《战胜每一刻》（耶迪奥特出版社，2015年），这本书讨论的主要是施奈尔·扎尔曼拉比②及其应对情绪问

①　哈西德派是犹太教正统派的一支，18世纪在东欧创立。——译者注

②　他是"哈巴德"创始人及其第一任大拉比，著有《塔尼亚》，也被译为《教诲》，因此人们常称他称为"塔尼亚之父"。——译者注

自序：成为更好的父母

题的方法，这些情绪问题主要包括紧张、愤怒、悲伤、自责、情感阻塞，其中很多问题都是人无法控制自己的情绪而引起的。在我研究哈西德教育经典的过程中，结合自己教育孩子的经历，一种非常可行的情感教育方式在我眼前变得越来越清晰。这种方式深刻且实用，而且适用范围极为广泛。

本书介绍的这种教育方法首先来自卢巴维奇拉比（全名为梅赫纳姆·门德尔·施内尔森）及其岳父拉亚兹拉比（全名为约瑟夫·艾萨克·施内尔森），两人在这方面给出了非常详细的论述。这种教育方法以犹太心灵理论为基础，这方面的主要文献来自迈蒙尼德、哈西德运动的创立者以色列·本·以利撒拉比、施奈尔·扎尔曼拉比（他也被称为"老拉比"，是继以色列·本·以利撒之后哈西德运动第三代精神领袖）、肖洛姆·多夫伯尔·施内尔松拉比（也称为拉沙布拉比，是"哈巴德"①第五任大拉比）等人。与此同时，该教育理论中还包括许多思想家和教育家在讲话和著作中论述的重要原则，比如皮亚塞奇诺大拉比（也称为卡洛尼姆斯·卡尔曼·沙皮拉拉比）、亚伯拉罕·以撒克·库克拉比和约瑟夫·博尔·索洛维契克拉比。在我们所处的这个时代，由于较长的工作时间、家庭和事业之间的冲突、社交网络的影响以及父母权威的弱化，家庭教育值得我们格外关注。在这一背景下，本书所提出的教育方式，特别是其中涉及的不同地点、时代和历史环境下的指导原则和见解，也显得格外有意义。

---

① 哈巴德运动是影响力较大的哈西德运动之一，犹太启蒙运动后，大量犹太人被世俗化或被所在国家同化。为了应对这一趋势，犹太人内部出现了哈巴德运动，劝犹太人"重新回到上帝的身边"。目前，世界各地都分布有哈巴德机构。——译者注

这些素材的来源包括美国、苏联、纳粹时期的德国、殖民统治下的华沙、以色列,以及相对贫困的俄罗斯小镇。虽然时代不同,但本书所有细节能够汇聚成一个有机整体,这些教育原则在不同地点经受住了时间的考验,因此同样适用于现代生活。

犹太人心灵理论对教育本质的定义发人深省。在《战胜每一刻》一书的封底上简要地写着以色列·本·以利撒拉比总结的一个基本原则:"人的内心存在一场永不止息的斗争,人的任务,就是在此时此刻占据斗争的上风。"

每个人都无法逃避内心和情感的斗争。在教育领域,根据哈西德主义的方法,人越早研究犹太人心灵理论,学习如何驾驭内心,就越能够更轻松地处理当下和未来的内心斗争。对于父母而言,这种学习不能停留于理论层面,而是要求父母使用一种独特的教育话语体系,这与人们普遍使用的话语截然不同。这种话语体系旨在提升孩子的情感现实,让他们懂得如何摆脱不良情绪,比如怨恨、愤怒、恐惧、愧疚、自私、不安全感、自我封闭和逃避环境等,同时在不断变化的环境中培育孩子形成良好和健康的情绪。教育的目的是帮助孩子学习如何利用这些内心斗争,不管他们处在年少时期还是已经成年。从这一角度出发,引导孩子的情绪是父母肩负的最主要的教育任务。

需要指出的是,在很多情况下,哈西德主义的这种教育方法并不能取代专业人士对孩子的心理干预。但是,哈西德主义的伟大学者们认为,正如父母需对孩子的营养和身体健康负责任,对孩子的情绪也理应发挥重要作用,以避免他们受到不必要的伤害,让他们尽早学会引导自己的情绪,并陪伴孩子一起成长。父母可以让孩子认识到自己的内心世界,从而相信自己能够实现内心的平衡。除了很多必须做的事情外,父

自序：成为更好的父母

母还要避免诸多可能会伤害到孩子的行为和言论。

总体上看，根据犹太人心灵理论，主要存在两个障碍阻止我们成为更好的父母：第一个障碍是缺少明确的知识。很多时候我们对正确的情绪教育原则一无所知，也不清楚如何处理各种复杂的情况。有时，我们仅仅在无意识地模仿以前见过的人对类似行为的反应方式。对大多数人而言，即使我们具备了一定的专业知识，这些知识也不成体系。此外，没有任何教育行为能够适用于每一个孩子及某一个孩子的每个成长阶段。我们不能指望存在一本能够指导父母如何应对教育过程中各种情况的教材，毕竟，教育不是训练，而是一个极其复杂、因人而异的过程，需要考虑诸多变量，比如社会环境、家庭氛围、父母工作以及孩子的性格、能力和观念等，面对这些情况和教育问题，根本不存在唯一正确的解决方法。哪怕不同的孩子在相同环境下出现了相同的问题，也不能机械地采用同样的教育手段。

第二个障碍是，有时我们已经知道应该如何正确教育孩子，但还是很难做到。也就是说，我们在知识层面上知道如何引导孩子，但难以实践。

之所以在关键时刻知识难以转化为实际行动，也许因为我们自己也出现了严重的情绪波动，并难以控制自己的情绪。还有可能我们自身存在某种被压抑的情绪，导致无法正常履行父母的职责。很明显的例子是，当我们感到焦虑时，这种焦虑感会很快传递给孩子，即使我们在他们面前什么也没说。然而，我们总是很难在关键时刻做出改变，战胜这些不良情绪。比如，我们明明知道夫妻不应该在孩子面前吵架，这样会让他们感到很难过，并伤害到他们，哪怕他们什么也不说，或表现得毫不在乎。但我们经常很难做到这一点。

本书能够帮助我们克服这两个障碍。一方面，这种教育方法将犹太人心灵理论的精髓和诸多教育原则完美地结合在一起，形成了一个具有一致性的整体。虽然针对不同的孩子需运用具体的教育方法，但这些关于培养孩子的普遍原则还是会让父母们受益匪浅。在这些原则和建议的基础上，每一位父母都能探索出适合自己的具体情况和具体问题的教育方法。

另一方面，本书并不仅是一本提供大量信息的阅读材料，而是能够提出一种独特的父母话语体系，帮助父母通过情绪教育原则促使孩子做出正确的行为。这本书对父母和教育者来说，还相当于一场研讨会，帮助我们打破心灵和头脑之间的界限，从之前的"知道什么是正确的建议"转化为"在日常生活中实际运用这些建议"。本书的目的就是发人深思，做出改变，让读者越过观念的鸿沟，勇敢地在关键时刻做出对我们自己和孩子都有利的选择。

没有父母希望看到自己的孩子不开心或不自信，我们不想伤害他们，不想看到他们痛苦，不愿向他们传递压力、焦虑或愤怒等负面情绪。至于如何实现这些愿望，哈西德主义要求我们首先不要为之前在教育上可能犯过的错误而感到过于自责与不安，因为很多时候这种情绪不但不能真正带来灵魂深处的自省，还会对我们自己和孩子造成伤害。另一方面，哈西德主义也不提倡过于随意的家庭教育方式。的确，身为父母，我们很容易陷入一种自我辩护的状态，认为自己的教育方式很好，"糟糕的事情永远不会发生在我们身上"。

真正的教育，要求父母有意识地选择自己的教育职责，并不断地完善自我，试图引导父母具备这样的意识，做出这样的决策。因此，我们希望读者能经常拿起这本书读一读，因为它不仅能提供针对各种情境的建议，还能激励父母和孩子去主动消除阻碍我们实现自我改变和自我完善的障碍。

高水平的教育并非人的本能。犹太人心灵理论认为，教育需要我们不断思考，持续付出努力。这种努力的结果不仅会直接体现在孩子身上，也会同时体现在我们自身，因为当我们在生活中感到悲伤、焦虑、嫉妒、空虚、麻木或压抑时，教育孩子也将有助于我们自我疗愈和应对不良情绪。因此，教育的力量不仅在于改变孩子，还在于能够让身为父母的我们成为更幸福的人。

叶吉尔·哈拉里

前言：幸福是一个挑战

硅谷的帕洛阿托坐落于旧金山大都市区，是世界上最富裕的地区之一。这里是全世界技术创新的中心，谷歌、脸书、惠普和特斯拉等知名大型高科技公司的总部都坐落于此。这座小城人口只有6.5万，但受教育程度非常高。除了工程师和创业家，著名的斯坦福大学的许多教授也住在这里。这些居民政治参与度高，对环境高度负责，对子女的教育也非常上心。这里的教育机构，尤其是高中，在全美的排名靠前。简单来说，这里看上去如天堂般美好。

2016年6月，在斯坦福大学图书馆，我同当地一位年轻人偶然的聊天才第一次让我对美国式的天堂产生怀疑。在这个图书馆里，人们可以了解到最新科技，而且大部分资料都是免费的。为了让员工及其家属生活得满意而充实，从而能够全身心地投入工作当中，当地高科技公司尽全力完善他们的生活配套设施，给图书馆捐赠了大量资金。坐在我对面的年轻男孩大概18岁。只见他匆忙地拿出电脑，看起来他的心情并不放松。他盯着屏幕，有些不耐烦地等待着电脑启动。电脑总算能用了，他一边在读着什么，一边在椅子上小幅移动，似乎在试图理解一个难题或完成一个棘手的任务。他不时深呼吸。不久后，他突然站起身来，可能

前言：幸福是一个挑战

到楼下的咖啡馆去买东西，但电脑还留在原地。几分钟后他拿着个三明治回来了。他在纸上迅速地写下些似乎鼓励自己的话，尝试让自己集中注意力，但显然他还是没能做到。

"你还好吧？"我问道。"还行！谢谢！三周后有工程学的考试。"他回答说。在聊天时我可能提到了压力的问题，接着我俩很快讨论到应对压力和焦虑的各种方法。

当时他需要放松一会儿，而我也很高兴能和他聊一聊。他告诉我，他的生活环境很好，父母也很支持他。他的父母已经商量好了，一旦通过这个考试会给他一个不错的奖励，说不定是一辆新车。但他说，尽管如此，他内心仍感到非常压抑。

在出口处，我问图书管理员，这个图书馆借出最多的书是哪一类。她的回答让我大吃一惊，这里最受欢迎的居然是关于个人成长和获得幸福方面的指导类书籍。我明白，大家最希望得到的东西往往是最匮乏的东西。

另一次事件也让我发现这里绝非"天堂"。在吃完安息日晚餐后，我和一些当地朋友聊天。其中一位朋友是当地专门治疗儿童和青少年进食障碍的医生，她说，在帕洛阿托，很多年轻人都存在不同程度的进食障碍。

她的描述让我对这个问题充满好奇，在网上简单查阅后，我发现她所说的不过是冰山一角。原来，帕洛阿托中学生的自杀率是美国其他地区的5倍。仅2009年就有6名年轻人自杀。自杀事件像浪潮一般席卷这座城市。在2013年到2014年，12%的中学生表示他们在过去一年里出现过强烈的自杀念头。

当我和更多当地年轻人和成年人聊过之后，我对这座城市有了更深刻的理解。可以说，我们可以看到一个外在的帕洛阿托，它代表着成功和美好的生活，简直可以和天堂媲美。但还存在一个隐藏于深处的帕洛阿托，它代表着过高的期望、意义的缺失、紧张的情绪和对同质化目标——赚钱、成功、达到期望——的追求。

从上文我们不难看出，这些孩子们之所以内心紧张，出现极端情绪，原因无非在于父母，这些父母一方面拼命追求成功，另一方面他们对孩子拥有过高的期望。

从人们对蔡美儿教授《虎妈战歌》的批判中可以看出，大多数人都反对一味强迫孩子取得好的成绩。这本书于2010年出版后立刻引起巨大反响。在书中，作者以个人回忆录的形式让读者认识到一个"虎妈"的形象，她所代表的这类家长要求孩子追求卓越，通过艰辛努力和严格的纪律取得优异的成绩，在这个过程中完全剥夺了孩子的自由，没有任何讨价还价的空间。

蔡美儿批判了西方父母教育子女的方式，她从不接受女儿的成绩低于优秀评级，并要求她们主动争取更好的结果，通常使用极为严厉甚至带有侮辱性的手段。如前所述，"虎妈"形象引发了很大的争议和严厉的批评。曾经报道过硅谷高中生自杀现象的作家兼记者汉娜·罗辛指出，在她的印象里，帕洛阿托大多数父母都接受孩子们拥有自己的选择权，尊重他们的内心世界。不同于"虎妈"，他们一方面希望孩子取得好成绩，给孩子施加了巨大的压力，但另一方面，他们并不会因为孩子没有取得好成绩而惩罚他们。因此，在她看来，《虎妈战歌》所介绍的教育模式并不被帕洛阿托的高素质父母们接受。

罗辛在文章中采访过一位曾在2002年尝试自杀的年轻女孩。女孩在采访中说，她的父亲得到一份在硅谷的工作，由于帕洛阿托的学校教学质量更好，全家选择在这里定居下来。小时候她曾经在各方面都很活跃，包括体育运动和课业学习，因此父母很为她自豪。但她慢慢发现自己特别容易疲倦，精神压力也很大，似乎失去了生活的乐趣。尽管如此，她从不认为自己的母亲属于那种对子女不断施压、过分严格要求的人。一天晚上，她吞下了很多安眠药。她并非完全不想活下去，只是不想继续当时那样的生活，而且她很想引起母亲的注意。似乎压力过大或完全没有压力都不是她选择自杀的决定性因素。现在，她已经变得坚强起来，并完成了在哈佛大学的学业。回首往事，她很庆幸自己当时没有采取卧轨或跳海的方式自杀。

帕洛阿托让我们看到巨额财富和青少年情感困境之间复杂的关系，但这仅仅是其中一个例子而已。实际上，这种现象对于专家来说并不陌生。心理学家麦德林·列文（Madeline Levine）在她的畅销书《特权的代价》中描述了这种现象。在她看来，这是青少年当中出现的一类新的悲伤状态。这些青少年普遍很有才华，家庭条件优越，受过良好的教育，但他们深受严重情绪问题的困扰，感到强烈的缺失感、孤独感、焦虑感和抑郁感，觉得生活缺少意义，这些心理问题表现得比其他年龄段的人群更严重。由于存在这些不良心理倾向，他们吸毒、酗酒的现象和其他不良行为也越来越普遍。

世界卫生组织并没有阐释这是一个地区性现象还是某类家庭教育带来的结果。该组织在声明中指出，抑郁症是一种严重的疾病，对人的生活质量和寿命的影响极大。对西方世界的调查显示，最近出生的孩子当中有约20%可能在18岁前就出现了抑郁症和焦虑障碍。

以色列的数据也令人担忧。以色列卫生部的调查发现，有12%的青少年（18岁的青少年当中每8人就有1人）存在心理或情绪障碍。10年级学生中有17%的人声称自己在过去一年有过自杀的想法。另一项调查显示，20%的学生在高中毕业前出现焦虑或抑郁的症状，超过60%的孩子将在一生中某个阶段患严重的抑郁症或焦虑症，并严重影响到他们的行为能力和生活质量。

2015年，一名年仅13岁的女孩选择结束了自己的生命。她自杀的具体原因不明，但据说她患有抑郁症。事后，一位著名的儿童作家在脸书（Facebook）上指出，我们也许可以避免这一起自杀事件，但我们无法阻止在所有初中和高中学生中不断蔓延的抑郁症现象。

这位作家通过这段话将人们的注意力从对一起极端事件的关注转移到了日常教育问题上。她的这一判断也能引出这本书的核心问题：我们能否阻止孩子出现悲伤、焦虑、恐惧、愤怒、自责等情绪？我们能否引导儿童和青少年合理应对生活中各种不如意的事情，甚至包括羞辱、欺凌、排斥和抵制等现象？

父母在孩子的情感机制中应该扮演什么角色？父母能否在不断变化的环境中帮助孩子培养稳定和健康的情绪，抑制不良情绪？

如果答案是肯定的，那么父母到底应该做什么？如何激发孩子的动力、自我认同、自尊、活力和对生活的热情。如何让孩子既能控制自己的情绪，又不会对他人过于冷漠或敏感？如何帮助孩子克服情绪和行为上的危机？

可以说，如何教育孩子在犹太人的心灵理论中占有重要地位。犹太心灵理论强烈反对情绪问题无法解决的观点。

在包罗万象的哈拉卡著作《密西拿托拉》当中，迈蒙尼德提出，我们可以借鉴医学对身体的治疗来指导心灵的疗愈，"就像有的人身体健康，有的人身体有恙，心灵方面也是如此"。根据卢巴维奇拉比[1]的

---

[1]　拉比原意为教师，即口传律法的教师。后在犹太社团中，指受过正规宗教教育，熟悉《圣经》和口传律法而担任犹太人的精神领袖或宗教导师的人。——译者注

方法，教育理论其实就是医治心灵的理论或"心灵科学"。也就是说，教育应该以犹太心灵理论为基础，其目的是排斥不良情绪，带来被修复①和稳定的情绪。

20世纪末，丹尼尔·戈尔曼在他的著作《情商》中提到，如今，我们无意中忽略了孩子的情感教育，但其后果正变得越来越具有灾难性。在过去的几个世纪里，哈西德主义的学者们也反复强调要引导孩子的情绪，重视孩子的情感教育。

我们可以想象，如果施奈尔·扎尔曼拉比（或任何一位他的思想传承者）被邀请到教育部门开会，他一定会敲着桌子说，我们完全可以解决青少年当中出现的悲伤、沮丧、自怜和无意义感。他还会强烈要求在教育体系和军队服役期间向儿童、青少年和年轻人讲授犹太心灵理论，让他们明白引导积极情绪、避免消极情绪的机制。这些内容非常重要，现在人们对其必须像对待其他科目一样重视。除了让儿童和青少年拥有正确的伦理道德观、良好的公民意识、忠于集体和国家，我们还要教他们如何培养自己的积极情绪，抵抗消极情绪。这种学习能够帮助他们发现自己的内在潜力。

投入的要求

从身体治疗和心灵疗愈的类比中，我们可以得出很多见解和启发。其中一点是，对孩子的教育需付出巨大的努力和投入。我们都知

---

① 修复是犹太人经常提及的概念。犹太人提倡，人不但要修复自我，还要修复世界。——译者注

道，如果无法不断学习、坚持锻炼、付出努力，我们很难保持身体健康；同样，在教育方面，如果不提早准备、不断加强内心修养、投入大量的精力和时间，我们也无法获得丰厚的回报。一个人如果想变得健康，必须学习保持身体健康的方法，包括吃什么，吃多少，何时吃，每天应该睡多久，运动的意义是什么，如何正确和循序渐进地运动，诸如此类。同理，如果父母希望孩子保持心理健康，他们必须主动学习，并让孩子们了解心灵结构的不同方面，掌握有助于保持内心活力的方法。不同于某些观点，高水准的父母教育并非与生俱来，也不能依靠直觉，而需要大量的努力、观察、学习和自我实践。可以说，欢乐的家庭和幸福的子女一般都是有意识或无意识下学习和运用心灵原则的结果。因此，父母最重要的责任之一就是主动学习如何为人父母，而不是依靠直觉或零散的知识。

此外，由于身体和心灵是相互联系的，犹太心灵理论更是将二者视为一体，所以，所有心理问题都可引发身体问题，反之亦然。孩子们应对生活中各种挑战的能力需要依靠健康的身体，同样，身体的健康也在很大程度上取决于心理的健康。如果一个人拥有强大的内心，他的身体也会更健康。

第二次世界大战爆发的5年前，也就是1934年，约瑟夫·艾萨克·施内尔森拉比来到维尔纽斯地区。约瑟夫·艾萨克·施内尔森拉比也被称为拉亚兹拉比，是哈西德运动哈巴德的第六任大拉比。他当时被公认为是苏联犹太社团的精神领袖。他的著作涉及许多领域，但他最关心的还是教育领域的问题。当时波兰犹太人的处境每况愈下。由于赋税加重，他们难以维持生计，还得应对愈演愈烈的反犹主义行为。在维尔纽斯，约瑟夫·艾萨克·施内尔森拉比向当地犹太人发表了一席演

前言：幸福是一个挑战

讲，严厉批评了听众们由于忙于处理经济问题而忽略精神和教育问题的
现象：

> 你们仅仅在乎维持身体健康的粮食，只想着如何获得财富，而在
> 如何获取精神食粮的问题上，你们却无所作为……在这个世界上，当一
> 个人有了很多金银和物品，他往往会找个地方把这些财富存放起来，他
> 会调查各种地方，以确保他的钱存在那是安全的。你们这些人啊！上帝
> 给我们最宝贵的礼物就是我们的儿女，你们却毫不在乎……贤哲在文章
> 中写道："人们总是担心失去自己的钱财，却不顾光阴的流逝。"但现
> 在看来，我们还需要加上一条：人们完全不顾自己的儿女。

施奈尔·扎尔曼拉比也强调情感因素对人的重要性，认为"世
人"往往期望和祷告自己能够财源广进、身体健康，害怕承受肉体上的
痛苦，但他们从来不以同样的方式期望和祈祷自己在精神和心灵上的成
功。在他看来，这是本末倒置，因为精神和灵魂才是人生的主要方面。

许多父母也犯了同样的错误，认为自己最主要的职责是满足孩子
物质方面的需求，培养他们在现实世界生存下去的能力，只对他们提出
收入和职业上的要求。所以，这些父母把主要资源都投到这个方向。在
施奈尔·扎尔曼拉比的传承者卢巴维奇拉比看来，教育的重点并不在
此。他认为，父母的首要职责是让孩子的心灵不分裂，内心不矛盾，从
而能够勇敢地面对生活。卢巴维奇拉比虽然没有自己的孩子，但基于自
己总结出来的教育方法，他为数千名来自不同行业和社团，向他寻求帮
助的波兰人提供教育孩子的建议。这种教育方法虽然由他总结和改进，
但其理论基础早已经过很多代人的检验。根据这种方法，人对自己的期

望应该主要在精神和心灵层面,教育孩子时也应该把主要的精力投入这个层面上。

经过深入研究后我们发现,哈西德主义非常重视教育,尤其是儿童和青少年的心理和精神问题。施奈尔·扎尔曼拉比在《教诲》第二部分中有一篇名为《统一和信仰之门》的重要而深刻的文章。这篇文章的序言标题是"小教育"。他之所以提出这个概念,是因为在他看来,教育远不局限于讲解和传授知识,而是唤醒心灵的力量,让人们在日常生活中表现出爱、激情和喜悦。

由于教育被赋予的重要地位,哈西德主义也发展出包含理论指导和实践操作的教育方法,其中既有针对父母和教育者的内容,也有针对孩子和学生的内容。拉亚兹拉比在17岁时就写了一本名为《教育和指导规则》的非常全面的册子。书中提出的一个原则引起广泛共鸣,他将之归功于他的父亲,因为在他写这篇文章前他们就这个问题进行讨论。这个原则是,每个人每天应当至少抽出半小时的时间思考孩子的教育问题。他的父亲,肖洛姆·多夫伯尔·施内尔森拉比(也称为拉沙布拉比)特别强调教育问题,以致他认为对教育问题的思考同遵守戒律和在祷告时佩戴经文护符匣(塔夫林)同样重要。他不仅重视对教育的规划和思考,还强调实际落实。所以,每个人"都要尽全力甚至超出自己的能力地去关心和落实"孩子的教育问题。

有一次,一位做木材生意的商人找到拉亚兹拉比,问他一些和生意相关的问题。谈完这些问题后,拉比问起这位商人对子女的教育情况,但商人没有回答,于是拉比对他说:"你来问我关于木材生意的事情,但这非我所长,你远道而来,应该问我子女教育的问题,这才是我以及我的家族擅长的事情,你不想听听我在这方面的建议吗?"

哈西德主义学者常说,以色列历史上的伟人们都很重视儿童教育。前面我们提到的以色列·本·以利撒拉比就是如此,他没有把全部时间用于自我学习,而是无私地教导年幼的儿童。梅赫纳姆·门德尔·施内尔森拉比认为,以色列·本·以利撒拉比的这种做法并非他的原创,很多伟大的人都是如此,这也是为什么他们能"成为名副其实的伟大人物"。接触并教育儿童,也是父母和教育者实现自我提升的重要方式。

喜悦的检验作用

犹太心灵理论认为,检验教育质量的一个主要标准就是看受教育者是否感到喜悦。喜悦和幸福带来的感觉是一种最为理想的情绪,也是每个人必须不断追求的心理状态。这种充满活力和喜悦的感觉,并不是只有在空闲时或解决了一个棘手的问题后才能享受,而是每时每刻的要求。心灵理论认为,一个不幸福的孩子很难充分发挥自己的潜力。

悲伤和焦虑是一种束缚,让一个人蜷缩在自己的小世界里,而喜悦则能够让孩子从自己不必要的担忧和负面想法中走出来,把注意力集中在更重要的事情上,用另一种方式看待现实生活。喜悦绝不是放纵自己或玩世不恭,而是一种完满感。一个喜悦的人不会只看到自己缺少的东西,而是会拥有一种更宏大的视野,帮助他超越充满局限、自己欲望始终无法全部得到满足的现实世界。

梅纳赫姆·埃克斯坦拉比在1921年出版的小册子《实现哈西德主义的心理条件》中写道:"品质的培养不但能给人带来活力和喜悦,还能给人带来许多其他好处,比如激发他积极的品质,让身体变得更为灵

活和敏捷。在良好品质的作用下，一个人很难感到痛苦或疲劳，也不需
要太长的休息时间，更不会感到生活空虚或沉重。但如果这种良好品质
没能得到其所需要的养料，人就无法感到这种活力和喜悦，他总想休息
和放松，但休息过后他会再次感到生活的艰辛和空虚。"

喜悦不仅能够让人超越自己的现状，还有助于人们发现自己被压
抑或隐藏的能力。喜悦的本质就是自我发现，当心情好的时候，平常比
较封闭或内向的孩子也会敞开心扉，比平常更善于分享。

和埃克斯坦拉比的观点一样，许多研究也证明了幸福能给我们带
来诸多好处。那些能对生活中的变化保持相对淡定的心态和拥有较高
幸福指数的人，往往寿命更长，身体更健康，经济条件更优越，同配
偶以及家人的关系也更好。在施奈尔·扎尔曼拉比看来，让我们充满
活力和希望的幸福感并不是成功的结果，而是成功的前提条件。在情
绪领域，喜悦代表着一种看待问题的视角和观念，这与带来悲伤感和
沉重感的视角截然相反。我们应该尽可能在孩子年龄小的时候引导他
们形成积极的视角和世界观。

本书主要讲了什么

虽然我们在上文强调了喜悦和幸福的重要性，但这并不是教育的
目的。幸福是一种挑战，它应该是成功的教育所产生的结果。犹太心灵
理论要求父母和教育者改变他们看待教育目的和教育过程的方式，确定
了不同的重点和优先项，并给他们提出了一系列见解、建议、技巧和实
现这些目的的实用工具。

人们普遍存在的一个现象是只有感到十分痛苦时才重视教育问题

和寻求解决方法。或者说，很多时候我们只有意识到问题的存在才开始寻找解决方案。当一切看似风平浪静，或问题严重程度没有超出我们的忍受范围时，我们就觉得无需寻求建议或做出改变。

犹太心灵理论要求我们从一开始就试图避免孩子出现情绪问题。所有问题都不是突然在孩子身上出现的，也不可能因为某一个意外事件突然对孩子造成伤害。相反，伤害是一个持续的过程。所以，哈西德主义和本书都认为，情绪教育并非在孩子身上找到一系列情绪问题和一些普遍存在的"疾病"，然后指出解决这些问题和治愈这些"疾病"的方法。情绪教育应该针对孩子本身，而不是针对孩子身上的"疾病"或情绪问题。这样一种截然不同的观念要求我们必须明确定义教育的目的。如果我们不重视教育及其目的本身的定义，并对其进行深入思考，那么我们很难在这方面取得成功。在本书的第一章"什么是教育"中对教育的目的进行了定义。当父母理解了什么是他们在教育过程中应该追求的目标，他们就不会出现方向性错误，不会等到孩子出现某种不良反应、明显受到伤害或情绪爆发时才明白需要做出改变。

在这个意义上，可以说，这是一本关于教育的书，但又不仅是一本关于教育的书。它能让我们明白如何看待他人，需要多大程度相信孩子和我们自己做出改变的能力，我们需要一个什么样的社会，以及如何判断和重塑现状。之所以如此，是因为教育的定义是基于对人性和心灵结构的理解。而在人性和人的心灵结构问题上，卡巴拉和哈西德主义著作进行了广泛和深入的探讨。

另一个父母很容易犯的错误是试图寻找一些所谓的"百宝箱"或"神奇公式"来帮助自己做出正确的决定或得到自己想要的结果。但教育哪有这么简单！教育必须是有意识的内化和吸收过程，最终形成自己的见解。所有的见解都是以内在的变化为基础，而所有工具都是外在的东西，并非适用于每个人。工具只是实施教育活动的手段，建立清晰边界、树立父母权威等工具和技巧不管多么重要，都没有理解、认同和内化有价值，因为只有后者才能让父母和孩子发生深层变化。

第二章"父母的职责：心的智慧"讨论的问题包括什么是父母的特殊角色，作为父母我们到底需要做什么，不能做什么。这个角色的界定以第一章介绍的教育目的为基础，而且，我们每时每刻都要根据具体情况重新选择我们所扮演的角色，这就涉及第三章"父母的选择"中的内容。如果不能主动并有意识地选择自己的角色，我们就无法履行父母的职责。大体上说，父母需履行的教育工作可以分为两方面，一方面是"离恶"，另一方面是"行善"。

第四章标题为"教育上必须避免的错误"，这一章介绍了作为父母经常有意或无意犯下的教育错误，而且我们经常忽略了这些问题给孩子的情感带来的伤害。不管在什么情况下，我们都要避免这些错误，因为这些行为不但没有任何好处，还会伤及孩子的自尊心，影响他们的情绪。明确这些没有任何好处的反应模式和行为，有助于父母避免自以为是地认为自己的方法是正确的，从而拒绝接受这些实际上错误的方法。

父母需要在情感教育问题上选择自己的角色，并时刻意识到这一角色的重要性。同样，孩子也应该对自己的情绪负责。必须让孩子明确地知道自己的责任是什么，在自己的情绪上如何做出正确选择。第五章"孩子的选择和责任"介绍了什么是孩子的责任，以及我们如何鼓励孩子主动承担这些责任。

接下来几章的内容是一种以"鼓励话语"为特色的清晰的教育模式，我们将介绍这种模式的教育原则，这些原则全部来自犹太心灵理论。这种模式包括一系列独特的建议和方法，帮助大家应对生活中的各种情况。

作为实践这种教育模式的第一个步骤，第六章"识别和诊断"介绍了我们如何发现孩子的内在本质，包括他们的潜在优势和有待改善的品质。不仅如此，这一步骤的目的还在于发现和认识孩子的现状。这个识别和诊断的过程非常重要，如果因为疏忽、羞愧或其他原因同孩子疏远，我们就无法掌握孩子的真实情况，也就无法进行必要的指导，改变孩子的状况。

第七章"'世界'不同他们作对"讨论的是如何改变孩子看待问题的视角。视角的改变能帮助孩子更好地应对这个复杂的世界（不管这是基于客观事实还是他们的主观判断）。与此同时，这一章还介绍了如何避免内心的绝望，并介绍了非常实用的观察方法，帮助我们清晰地辨别"自然想象"（"经验现实"）和"真实想象"。

爱是所有亲子关系的基础。只有通过爱，我们才能真正"提升"孩子各方面的能力。批评、责备和一味指出他们的错误只会适得其反。在本质上，爱意味着我们相信孩子的能力，并相信他们能不断提升自我。

虽然爱孩子，但我们不能让孩子觉得自己是世界的中心，要尽可能减少他们天生的自私倾向带来的影响，这与爱他们没有任何矛盾，是爱的自然和正确结果。接下来的两章，"爱"和"不以自我为中心"讨论的正是这两种重要的教育趋势，应该成为我们日常教育行为的基础。

当孩子们学会相信自己所做的一切都是有意义的，明白自己的言语、行为和思想都会对世界产生影响，他们的生命就会变得丰满，对自己也会更加认可，这能进一步保持他们情绪的稳定。第十章"影响一切"将详细阐述如何让孩子相信自己能够对世界产生影响，以及如何充分利用自己的时间和才华。

孩子要相信自己对世界的影响，不管影响多么小，都真实存在。那么，接下来的问题是如何让孩子的生命充满意义和使命感。童年和青年并不是对未来任何时期的准备阶段，而是生命本身。因此，第十一章"意义和使命"将解释什么是意义和使命感，或具体而言，什么是孩子的使命。

本书的最后一章"选择情绪　引导思想"讨论的是人的思想问题。从哈西德著作中不难得出这样的结论：那些能够控制和引导自己思想的人往往能够更好地保持自己心理的健康。我们的恐惧和烦恼很大程度上来自我们缺少对思想的引导。本章能为读者提供一些独到的见解和工具，帮助大家有效引导孩子了解自己思想的力量，这一过程至关重要。

需要指出的是，任何模式，不管多么有效，本质上都是对不断变化的现实的描述。我们一定要记住，在实际操作过程中，教育工作非常复杂。当我们在处理教育中某一个方面问题时，我们有时会想当然地认为这就是教育的全部了，这会让我们只见树木，不见森林。教育行为要求我们根据孩子的能力、父母的状态以及具体环境进行长期的观察、识别和研究。书中提到的建议和观点虽然发人深省，但仍然需要各位读者根据具体情况深思熟虑和作适当调整，时刻关注自己孩子的心理发展过程。

卢巴维奇拉比讲过这样一个故事：有一个人看到一位刚刚看过医生的病人拄着拐在走路。这个人在想，这位病人刚看过医生，肯定按照医生说的去做了，结果他仍然需要拄拐，这说明医生的治疗大概没什么效果。但这个人可能并不知道，在此之前，这位病人的腿已经完全瘫痪，而医生通过治疗恢复了病人的部分腿部力量，让他能够行走。正是因为这位医生的医治，病人的病情才会有如此显著的改善，虽然这个过程需要不少时间。

从这个故事中我们可以看到，从出生起，每个人多少都存在或好或坏的品质，而教育的目的就是弱化那些有问题的性格特征带来的影响。"由于每个人终其一生都要不断学习，教育自己，所以，在生命过程中，我们所看到的每一个人都有不完美的地方，这不足为奇，也并不意味着他们的教育方向存在问题，而是因为教育任务实在是太艰巨了，需循序渐进。"

同理，父母对孩子的教育问题感到过于愧疚或有压力也没有任何意义，这只会让父母感到自责，并不能让他们做出改善现状的实际行动。孩子需要的不是充满悔恨和内疚的父母，而是明确知道自己的责任，并积极改善家庭氛围的父母。如果家长在孩子的教育和心理问题上下功夫，这本身就说明他们在尝试同孩子建立真实而有效的联系。此外，我们在做父母时犯下的错误也是教育的有机组成部分，这些经验教训能够帮助我们成为更好的父母。犯错误并不可怕，这一点可以也必须得到理解，但同时我们也要相信自己有能力改正这些错误，只有这样，不管孩子处在哪个年龄阶段，他们都能重新成为真正幸福的人。

本书是针对哪个年龄阶段孩子的教育？

卢巴维奇拉比曾在书中写道："教育贯穿人的一生。"确切地说："在小孩出生前教育就开始了。"他还说，也许所有的戒律都有适用范围，但唯独教育没有范围。教育工作必须尽可能早地展开，并持续终生。即使是"高处不胜寒"的人也有进步和学习的空间，陷入谷底的人，"也可以扭转乾坤，而且有时，正如《光明之书》①中所言，人在'一瞬间'就能实现这一点"。

父母和孩子之间的关系对他们生活的各个方面都会产生影响，改善亲子关系对父母来说非常重要，但对孩子来说更为重要。因为，就算他们已长大成人，甚至父母已经离世，同父母的关系对孩子仍然意义重大。人经常会审视和回忆自己与父母之间的美好感情，以获得更多力量和自信，从而更好地应对生活中出现的困难。

教育和亲子关系对孩子的影响永远不会消失。

不仅如此，在某些方面，也许同普遍观念相反，随着孩子年龄的增长，父母对孩子的教育会变得越来越必要。父母要不断解读孩子的心理和需求，成为好的父母，甚至在孩子成家立业、自食其力或展翅高飞后，父母对孩子还要更加关注，并付出更多的努力。

但另一方面，孩子年龄越小，教育对孩子产生的影响力越大。在这个问题上，以赛亚·霍洛维茨拉比写道："童年时的心灵所接受的东西会成为其生命的一部分……就像种树，当树还是一棵树苗时，人们可以随意让树干倾斜，然后轻松地让其变直，但如果树苗以倾斜状态长成了大树，人们就无法再将其变直了。"

这个比喻在哈西德主义的著作中反复出现，从中我们可以看到，对树苗的照料能让这棵树长期受益。树苗小的时候，细微的改变都能影响到树的生长方式和将来木材的质量，反之，如果伤到树苗，那么树只

---

① 也可音译为《佐哈尔》，是卡巴拉主义的奠基之作。——译者注

会越长越斜。等树长大后，同样力度的行为对树的影响可以忽略不计。这个比喻告诉我们，对年幼孩子的教育行为会对其产生深远的影响，这也是为什么我们常说"教育的影响是无尽的"。相反，年幼时教育的失败也需要付出更多的努力才能弥补。虽然哈西德主义认为任何时候应该相信能够愈合灵魂上的伤口，修复心理上的问题，但孩子的年龄越小，教育者需要付出的精力也越多。

《密西拿》①中的《先祖篇》也讨论了这个问题："为什么从小学习《托拉》②的人都比较相似？这就像用墨水在白纸上写字一样。"白纸能够清晰地记录下字迹，同样，童年的记忆也难以磨灭。

卢巴维奇拉比说："可以说，无论何时何地，尤其是在我们这个时代，真正平稳的心态以及单纯而完整的世界观至关重要，这绝不仅体现在智商和财商教育上。"培养稳定的情绪比任何心智训练都重要。但如果父母不在孩子年幼时提供全方位的教育，那么就无法指望孩子以后能懂得如何引导自己的情绪。早期教育能对孩子产生极为长远的影响，这一时期在教育上的努力不仅为了让孩子拥有健康的心理，同时也是一种着眼未来的重要投资。

最后，作为这篇前言的总结，我想强调一下为什么本书适用于各个不同年龄阶段孩子的情绪教育，虽然这个问题在序言中已有提及：教育行为及其面对的情况是瞬息万变的，但教育的本质以及适用于父母和孩子的情绪指导原则永远不会变。正如拉亚兹拉比所言："教育和指导

①　《密西拿》，又译为密什那或米书拿，意为"通过重复学习或教导"，是犹太教的经典之一。——译者注

②　托拉，又译妥拉，广义上指上帝启示给以色列人的真义，亦指上帝启示人类督导与指导，狭义上指《旧约》的前五卷（犹太人不称《旧约》）。——译者注

工作没有年龄的限制，并非只针对小孩。教育和引导工作的具体内容则随着年龄的变化而变化，但是教育和引导工作的本质不会变化，不管教育对象是年幼的孩子还是年龄大一些的孩子。"

基于犹太心灵理论，本书将介绍许多关于教育的方针、原则和建议。本书邀请各位父母和教育者审视自己的家庭和教育环境，针对日常生活和事件找到正确的应对方式和教育方法。我们希望这些原则能运用到不同年龄孩子的教育当中，但根据犹太伟大思想家们的建议，这件事宜早不宜迟。

目　录
Contents

目　录

第一章

什么是教育

很多人都试图回答这些问题:什么是教育?或者说,什么是正确的教育?是否存在能够解决日常生活中各种教育问题的指导原则?这一原则至关重要,人们能够从中发展出培养孩子的具体方法。这种原则适用于任何情况,比如在我们早上起床时、匆忙去上班时、送孩子去学校时、一起吃饭时、放假时、一起学习时、发现孩子的行为和情绪出现问题时,以及和孩子相处的每时每刻,哪怕他们已长大成人、独立生活。

对这些问题的回答中,最有说服力的要数卡洛尼姆斯·卡尔曼·沙皮拉拉比(也被称为皮亚塞奇诺大拉比)在1943年11月做出的回答。皮亚塞奇诺大拉比出身于一个哈西德派拉比世家。他在纳粹大屠杀之前就已是一位受人尊重的教育家。1939年9月,纳粹德国刚占领华沙不久,他的独子、儿媳和妻妹都死于轰炸。从战争爆发到特雷布林卡开始出现大规模灭绝行动近3年的时间里(1939—1942),他在安息日和宗教节日晚上都会把学生们召集到他位于隔都①的家中,为他们做讲座。在每周围绕《托拉》章节以及以色列节日的讲座中,他试图让学生们的内心变得更坚强,并尝试通过卡巴拉主义和哈西德主义的视角去理

①　隔都来自英文"ghetto",起源于中世纪,泛指犹太人的聚居地。由于中世纪犹太人的聚居区域被严格限制,隔都的人口密度较高,条件较差,因此这个词也有"贫民窟"的意思。——译者注

第一章 什么是教育

解现实生活中所发生的一切。他深知这件事意义重大，所以每次安息日①或节日结束后，他都会赶紧把自己讲的内容记录下来。从特雷布林卡大行动（皮亚塞奇诺大拉比在这次行动中幸免于难）到华沙隔都起义（这时皮亚塞奇诺大拉比感到噩梦即将结束）期间，拉比将这份笔记藏在隔都的一个奶罐里。

后来，一位驻波兰的犹太代办处人员找到了这个奶罐以及藏在里面的文件，但直到20世纪50年代，人们才发现这些文字出自皮亚塞奇诺大拉比之笔，并将其整理后以《艾什科德什之书》②为名出版。书中记录了拉比在大屠杀期间举行的86次讲座。这本书精彩绝伦，是一本讲述精神和信仰力量的不可多得的经典之作。

在1942年夏天的一次讲座中，拉比描述了他心目中理想的教育。他强调，人的生命无比短暂，但是，通过教育孩子，人可以体验到生命的永恒。孩子代表着创造和新生。当"一个人和朋友一起学习或告诉朋友什么是伦理道德，为他人提供指导"，这其中就蕴含着创新和新生，因为在这一过程中，他们发现了之前不存在的新事物。学习者或受教育者本来可能并非一个道德的人或表现出某种优秀品质的人，但通过学习，他在自己身上发现了这些品质，找到了永恒的力量，拥有了更宽广的生命维度。所以，在犹太贤哲看来，这种永恒力量的发现并不仅体现在父母教育自己孩子的过程中，也体现在"像教育自己的孩子一样教育朋友的孩子，传授他人所不知道的知识和理论"。因为在教朋友孩子的过程中存在同样的创新，他能让朋友的孩子发现自己内心深处的力量，

---

① 安息日是犹太人每周一次的节日，从周五日落开始，到周六傍晚（可看见三颗星星时）结束。——译者注

② 意译为《神圣火之书》。——译者注

感受到来自心灵的力量。在这个意义上，这个孩子就像"他自己的孩子"一样。

其实在早于皮亚塞奇诺大拉比140年的"塔尼亚之父"施奈尔·扎尔曼拉比那儿，我们也可以发现同样的教育理念。根据施奈尔·扎尔曼拉比的方法，教育并不一定是父母和教育者让孩子懂礼貌和养成良好的习惯，让他们为将来的生计掌握某种技能，或要求他们的行为符合社会普遍期待的行为模式。教育"必须是一种更高层次的发展"。教育的本质和过程是帮助受教育者做出改变并发现自身新的品质和能力。教育旨在让孩子发现他们独特的潜能，而这些潜能之前未能充分显现，或完全被隐藏。也就是说，教育的艺术是培养孩子意识的艺术，让他们充分意识到自己内在的美好和完整性，进而在日常生活中也能够找到这种内在的美好和完整性。这样一来，不管在什么情况下，孩子们都能不断展现出最好的自己，他们的感受、行为以及对待周围环境的态度都会呈现出最佳状态。

教育的目的是引导受教育者主动发现这种美好而完备的潜能，这一发现能够帮助他们应对生活中的各种困难。因此，教育的目的不是让孩子符合父母或社会规定的某种模式或范本，而是让他们看到隐藏在自己内心深处的美好品质，帮助他们改变心态，克服各种负面的情绪，同时减少不健康的品质和倾向带来的负面影响。

茨维·耶胡达·库克是亚伯拉罕·以撒·库克拉比的儿子和犹太复国主义领导人之一，关于教育，他也说过类似的话："教育不能强行用力，忽略孩子灵魂深处天然存在的力量和才华……"

这种教育理念并没有人们想象的那么简单。到底什么是施奈尔·扎尔曼拉比所说的应该贯穿整个教育过程的"发现"？哪些是孩

第一章　什么是教育

子灵魂中天然存在的力量和才华？当卡洛尼姆斯·卡尔曼·沙皮拉拉比强调教育的意义在于新生，新生指的到底是什么？当成千上万的同胞被折磨和屠杀（他自己也在几个月后惨死在纳粹分子屠刀之下），为什么他偏偏要求追随者加强对教育原则的理解，并认为只有这种教育才能让受教育者成为"有道德有品质的托拉之子"？最后，更为重要的是，他们的教导有什么现实指导意义？对于我们的日常生活以及现代社会中人们经常出现的情绪问题，这些教导到底有多大的指导作用？

要想回答这些问题，我们首先要对心灵结构，特别是孩子的心灵结构，拥有更广泛和深刻的理解。

内心斗争

拉亚兹拉比在一本讨论教育的文集中写道："人的生命是一场关于善与恶、真实与谎言以及美好与堕落之间的战争。"这是一场没有尽头的战役，人生的目的就是在每个具体时刻取得这场战役的阶段性胜利。内心斗争源于人的内心存在的各种相互矛盾的倾向，并会对人的各种外在表现产生影响。有时早上起床时，我们明明感觉自己对周围环境充满爱和温存，很想为这个世界做些什么，但没过多久，我们的感受就发生了剧烈变化，觉得自己是个受害者，感到疲劳、烦躁和痛苦，而这一变化可能仅仅是因为我们经历一些小挫折，或听说了一些不开心的事，于是我们觉得所有的人和事都在同我们作对。其实，这就是我们内心存在的两种相对立的倾向。这两种倾向源自灵魂中不同的力量，更确切地说，就像我们内心中两个相互搏斗的灵魂。每一种力量都在尝试控制人的行为、言语和思想。

正如《战胜每一刻》中详细介绍的,内心斗争是"塔尼亚之父"施奈尔·扎尔曼拉比心灵理论的基础。但出乎很多人意料的是,这种长期斗争并不是一件坏事。虽然每个人内心都有一些有问题的本能和具有破坏性的心理活动,但内心斗争双方有一方是积极而美好的力量,能让人不再以自我为中心,给人带来幸福感。

最初的自然倾向

内心斗争在儿童身上如何体现?

拉亚兹拉比解释说:"刚出生的婴儿并不会注意到外部世界,只能感觉到自己的存在,认为自己是整个世界的中心。他的世界不过是由他所需要和他所能理解的有限部分组成,其他人在他的世界中根本没有一席之地,或者说,其他人并非与他平行存在于这个世界上,只是用于满足他个人需要的工具。"

我们都能够包容婴儿以自我为中心的倾向,原因之一在于他们很可爱。当看到年龄很小的孩子大吵大闹时,我们也会对他们心存喜爱。但如果一个成年人出现同样的行为,我们就会批评他"表现得像个小孩"。当稍微大一些的孩子出现自私的行为时,我们大多数情况下也能理解,哪怕他大喊大叫,认为所有东西都是他应得的,毫不退让。同样,当成年人出现这种行为,只看到自己的利益,就很可能引发争执,影响其人际关系。

对于这种以自我为中心的倾向,我们需要进行合理的引导。若任其发展,不通过教育进行干预,孩子很可能会充满野性。之所以称这种品质为野性，是因为它可以控制人，但人无法控制它。一个人，不管是孩子还是成年人，一旦被这种野性控制，就无法正常引导自己的情绪，也无法改变自己愤怒、悲伤、嫉妒、焦虑和不满的状态。他完全受这些状态和物欲的支配。他内心的野性还会影响他看待事情的方式，扭曲他对他人及整个世界的感知。因此，没有教育，孩子很可能会变成非常自私和以自我为中心的人。

这种意义上的自私并不一定表现为傲慢或邪恶。一个孩子可能非常的以自我为中心，但与此同时也非常自然、可爱甚至还有些羞涩。但另一方面，以自我为中心的倾向的确可能带来一些不好的品质。认为自己是世界中心、一切都围绕自己展开的自私想法很可能发展为悲伤、焦虑情绪甚至不合理的给予。之所以会产生悲伤情绪，是因为孩子的愿望没能实现，现实与他的计划和欲望不符；之所以产生焦虑情绪，是因为他过分担心自己在未来的成就，或过于在乎外界对他的看法；不合理的给予是因为他太想获得别人的回报，于是通过大量付出来获得别人的关注和欣赏。而当这些愿望无法满足时，他会更加失望，甚至觉得自己被他人利用。有时候，害羞也可能是因为他们过于在乎别人对他们的看法和评价。

这种野性所表现出来的自私以及其他不良品质，同一个人的特殊才华并不矛盾。一个处于成长过程中的孩子可能在科学、人文学科或体育方面非常出众，这种智力或运动能力同情感发展上的欠缺可以同时存在。但不良情绪的失控会阻碍这些能力的发展。很多时候，特殊的才华更容易激发野性的产生，恰恰因为自己拥有某些才华，这些孩子可能会更容易轻视自己在情绪方面的努力。由于这些才华，他相信自己理应得到重视和优待。因为他是优等生，或优秀的运动员，所以他放纵自我，不考虑他人的感受。在这种情况下，我们可以清楚地看到这种"野性"在阻碍孩子的发展，让他们难以发掘自己的内在力量。拉亚兹拉比说："即便是才华横溢的人，如果他为所欲为，玩世不恭，或将生命浪费在一些浮夸之事上，那么他的才华将没有任何意义。"总之，当一个人失去对自己情绪的控制和引导，他就很难表现出优秀品质，他的行为模式完全取决于情绪或本能冲动。

比如一个孩子在下国际象棋方面很有天赋，但他过于在意别人对他的看法，或特别傲慢，那他就很难在这方面取得大的成就，因为这些倾向会局限他看待事物的视角，阻碍他进一步提高自己的技术，在比赛中识别风险和发现机会的能力也会下降，从而无法充分发挥自己的潜能。

这种以自我为中心的心理状态并不会随着人的年龄增长而消失，很多人虽然已经成年，甚至已步入晚年，但在以自我为中心和功利主义方面，他们仍然停留在"婴儿"状态。只要他没有从自我中心走出来，没有发现更广阔的现实，他就会继续认同这种心理状态，继续被情绪所控制，难以自拔。

情绪世界

我们首先需要详细讨论如何应对负面和不良情绪。这个问题非常重要，是教育的重要环节。为何如此？

情绪在心理系统中扮演着重要的角色。品质是一种心理力量，当品质以合理和平衡的形式表现出来时，它们能够促使人积极作为，走出自我，走近他人，接受客观世界。而不合理的情绪则会带来相反的结果，让人不愿行动，远离他人和客观世界，蜷缩在自己的小世界中。

可以说，尽管人同时存在多种力量和能力，比如欲望、理智、行动力、思考以及语言能力等，但人感受最直接的还是情绪。爱与恨、平静与愤怒、激动与冷漠、同情与残忍，诸如此类。在犹太心灵理论看来，每个人的本质就是其性格特点或情绪，而人生的目标就是应对和调节这些特点或情绪。

施奈尔·扎尔曼拉比认为，"每个人的本质都是由其心理特点和品质决定的"。这些特点自然存在于人的内心当中，人之所以被创造，就是为了引导这些特点和品质的发展。

合理情绪之所以重要，很重要的一点在于这些品质和情绪旨在帮助个体同他人产生更好的联系。比如，如果没有爱的对象，爱的情感就无法存在。这些情感都是为了让一个人能够影响、帮助和走近他人。不仅如此，这些情感还能为人提供动力。在我们唤醒内心的积极情感后，世界和他人就成为我们眼中最重要的存在。《米德拉什》在论述情感对人的驱动力时写道："我心所爱之处，就是我腿到达之处。"如果没有这些情感，尤其是爱，人就不会离开故乡，走向他乡。

在某种意义上可以说，合理的情绪也能帮助我们发现世界的本质。因为正是在情绪的力量下，人才能摆脱具有局限性的自我，和更宽广的世界产生连接，这也是人走向成熟的过程。

相反，不正确或不合理的情绪会隐藏事物的本质，有时甚至会错误地展现现实世界。梅纳赫姆·埃克斯坦拉比认为如果一个人只关心自己，他的视野将受到局限，最终他的"人格"将处于"弱小和未发育"状态，他解释说：

外在的麻烦、烦恼和其他事物就像压在小草和嫩芽上的石块，我们每天都得主动去清理这些异物带来的负面思想，让我们的大脑变得纯净。但如何做到这一点？……我们必须习惯走出自我，审视造化，并通过这种方式融入和连接到充满一切、驱动一切的生命力量当中。

将思想局限在我们所经历的小事上，会让我们偏离健康和自然的大道，迷失在羊肠小道上。融入广阔的生命力量意味着真正意义上的成长，这也是一种最为自然的成长方式。

因此，我们也可以从反面来描述人的任务和教育上的挑战。哈西德主义创始人以色列·本·以利撒拉比以犹太学者萨阿底·高恩拉比的名义（以色列·本·以利撒拉比是萨阿底·高恩拉比的学生）说："人之所以被创造，就是为了打破自身（与生俱来的）的不良品质。"

为什么要"打破"这些负面品质和情绪？

可以说，合理的品质能够给我们带来充实、充满活力的人生，帮助我们形成健康的人格。相反，负面情绪会释放我们心灵中邪恶的力量，阻断个体和外部环境的联系，最终让人们远离幸福。

童年时期的危险和疾病：懒惰、悲伤和空虚

通常，自私倾向引发的情绪会让我们感到痛苦，情绪变得不稳定。当一个人达到自己预期，一切都很顺利时，他可能会情绪高涨，不再自我批评，而是自我陶醉。而当他没有达到自己的期望，他就可能表现得烦恼、愤怒，出现语言或身体上的暴力倾向，甚至出现从内心对自

己造成巨大伤害的受害者心态。将自己置于中心的本能倾向，会让人们觉得自己对现实的一切感知都取决于他是否得到了什么。在与世界的互动中，他像一个书记员一样一丝不苟地记录着自己的得失，他的幸福一定取决于某种外在之物，这也是他最大的问题。

将人置于世界中心是我们内在心灵自然活动的产物。我们的心灵在本质上并不坏，但是，如上文所述，它可能产生"不良情绪"，如精神上的痛苦、不安、对外界充满愤怒以及情绪的剧烈波动，这些"不良情绪"让我们内心长期处于不稳定状态，最终发展为有害行为。

个人中心主义让人从功利主义视角衡量一切。在这种情况下，人产生的情绪并非针对事情本身，而是为了利益。这些情绪往往是不好的，会让人畏缩和封闭，而不是让人变得开放和勇于行动。在孩子身上，这种负面情绪最初可能表现为说出这样的话："如果你不给我买最新款的自行车，我就不爱你了！"继续发展下去，年龄更大的孩子可能在得到某样东西后觉得自己还应该得到更多，或始终认为兄弟之间利益分配得不平均。这时父母会感到孩子不懂得感恩，并陷入深深的失望之中难以自拔。当亲子关系完全基于功利主义，这一关系就会变得几乎没有任何意义，因为一切都取决于孩子主观认为父母到底给了他们多少，这种状态下的孩子不断地吮吸和索取，就像一个永远长不大的婴儿。

心灵中自我中心倾向所产生的危险，在年幼时会有一些特别的性质。在《学生责任》一书中，皮亚塞奇诺大拉比列举和阐述了他发现的"主要精神疾病及其解决方法"。他并没有打算用精神分析学或心理学术语来诊断和归类"精神疾病"，他所说的"精神疾病"指的其实是青少年的不良心理倾向。他认为,自我中心倾向带来的"疾病"包括情绪阻塞、悲伤、懒惰和倦怠等。

情绪阻塞是指年轻人审视自己内心后觉得自己没有任何缺陷。他不仅没有看到自己的缺陷,而且认为根本没有必要去寻找自身的不良品质。当一个人无法认识到自己在情绪或道德上存在问题,这些问题就永远无法得到解决。皮亚塞奇诺大拉比认为,情绪阻塞的问题在于,当小孩和青少年对自己麻木,同时又以自我为中心,他们就不会主动引导自己的情绪。他们认为自己已经长大,可以控制自己的情绪,拥有独立思想和主观能动性,但实际上他们根本没有达到这一高度。

悲伤是一种伤害我们理智和心灵的情绪倾向,会导致我们犯错。悲伤的年轻人从不相信自己脚下埋有宝藏等待着他去发掘。一旦自己期望的事情未能达成,他就会非常失望,失去尝试改变的信心。

皮亚塞奇诺大拉比强调,在年轻人这几种"心理疾病"中,"懒惰是破坏力最大和最为普遍的疾病"。懒惰的受教育者总是寻找各种借口推脱工作。他缺少活力,没有动力,很少有事情能提起他的兴趣,于是他饱食终日,无所事事。

懒惰比倦怠的破坏力更大,但改起来更容易。只要愿意,一个慵懒的少年改掉这种习惯并不难。但是要想解决倦怠的问题,外界的强迫很难奏效。一个倦怠的少年即使一大早就起床工作或学习,但"他对一切都缺少欲望",处于一种类似昏迷的状态。他不会在内心提升上对自己提出要求,也不会在实际行动上做出努力,他所有的行为都停留在非常肤浅的层面,不向深处用力。

皮亚塞奇诺大拉比解释说,希伯来语中的倦怠一词的词根有"虚弱"和"疲倦"之意。但通常，这里的疲倦指的不是身体上而是心理上的疲倦。或者说，就算倦怠者身体感到疲倦，其根源也在心理，"他的心灵未能连接到内在自我，没有充分利用自己的头脑和身体，没有通过训练使其变得更为精确"。

导致懒惰和倦怠的原因是什么？以色列·本·以利撒拉比认为，这种"疾病"的根源是冷漠。这种冷漠很大程度上源于不自信。如果一个人不相信自己行为的重要性，或不相信自己的行为能对世界产生影响，不相信每一个时刻都具有非凡的意义，那么，他会很快陷入一种冷漠的状态，这让他变得懒惰，缺少欲望，感到生活无比空虚。

根据《教诲》一书中的观点，懒惰在本质上和悲伤有着密切联系。如果说懒惰表现为做事情时的沉重感，悲伤则从一开始就让人失去做事情的欲望和动力，使人萎靡不振，缺少活力。

正如我们在下文将讨论的，治疗包括懒惰、倦怠、悲伤和无聊等内在"疾病"的方法在于培养孩子对自身价值的认识，寻找来自灵魂深处的力量。施奈尔·扎尔曼拉比和皮亚塞奇诺大拉比都认为这是教育最重要的组成部分。

内部完整性

如何帮助孩子战胜不良情绪？

应对不良性格特点和品质的方法有多种。我们本能的应对方法是直接抑制不合理的冲动和情绪。如果一个孩子对环境充满怨恨，我们就教他如何控制这种愤怒情绪。如果一个孩子嫉妒别人，我们就教他如何控制这种嫉妒心理。

抑制不良情绪，培养良好习惯，是教育过程中的重要方面，但这并非教育本身。皮亚塞奇诺大拉比强调：

教育不能仅依靠规则，规定自己的孩子或学生如何举止；教育也不能仅依靠习惯养成，让他们习惯于做正确的事情。教育应该高于规则和习惯，这两者只是人们在教育中可使用的具体方法。

单纯凭借习惯和规则是远远不够的。这些教育手段并不能让孩子有任何新的发现，只是强行避免或限制他们某些心理活动。

为了让孩子不被不良情绪支配，并战胜这些情绪，还有一种更为高级的方法，那就是让孩子在自己身上发现其他的东西，发现一些能够弱化那些不良情绪的品质。

到目前为止，我们大部分注意力都放在一种心灵上，即人的自然心灵。正是在这种心灵的作用下，孩子视自己为中心。但根据犹太心灵理论，还存在另一种心灵，这种发展和出现得更晚的心灵能让人不再将注意力局限于自身，而是同他人产生连接。一旦人发现了这种心灵的力量，不良倾向就无法在人心中肆虐，受教育者身上潜在的优良品质也会因此得以显现。

"内部完整性"和"发现孩子自身力量"并非施奈尔·扎尔曼拉比为了鼓励孩子才创造出来的心理原则，实际上，这种完整性客观存在于孩子们身上。施奈尔·扎尔曼拉比认为，第二种心灵及其内在完整性是上帝为人类创造的。

这种心灵的特点在于给予，不强调自我，因为一旦发现这种心灵的力量，孩子就不会认为自己是世界的中心。发现自身这一心灵最主要的表现是人们不再觉得自己是天地间最重要的个体，"世界万物并非围绕他，他同世界的关系也不再局限于索取和给予"。这种心灵活动毫无功利性，不再要求获得更多的尊重、利益或享乐。它让人从自己的小世界中走出来，看到外部世界和自身的内在价值。所以，"就像自然心灵产生不良品质一样，这种神圣的心灵几乎完全相反，能够产生美好的品质……"

这种心灵并不会自然出现在孩子身上。我们必须帮助他们对这种心灵形成认同。这种心灵的视角能让孩子免受很多不良情绪的伤害。孩子们一旦认识到自己不处于世界中心，他们就不会感到自己受到威胁。根据犹太心灵理论，最理想的状态就是让孩子发现这种心灵，找到走出自我、连接世界的力量。

发现力量的完整性

为什么施奈尔·扎尔曼拉比将人的心灵结构描述为不同力量的长期斗争？为什么不能用更和谐的方式形容我们的内心状态？

施奈尔·扎尔曼拉比给出的回答是，斗争是对人内心状态的真实写照。这种斗争状态时刻存在，无法逃避。如果一个人不去应对这些不良的情绪，这些情绪就会成为他的默认设置，并变得越来越强大，直到完全控制他，让他心中没有空间容纳其他情绪，尤其是那些积极的、被修复的情绪。在这个意义上，如果一个孩子对父母抱怨连天，很可能并不是他们的错。也许他从未学过如何摆脱心中的不良情绪，所以这些情绪一直伴随着他，即便长大成人，他也很难真正对自己的生活负责。

之所以如此，如前所述，是因为这些以自我为中心的立场带来的不良品质是人的自然倾向，一个人只有通过努力才能发现正确的品质。受教育者应该努力克服这些自然倾向，发现正确的品质，从而避免生活中由情绪带来的痛苦，找到属于自己的幸福。

此外，内心斗争本身也很重要。这种斗争告诉我们，每个人在品质上都天生就存在优点和缺点。缺点之所以存在，就是为了让人去努力修复它们，而不是让这些缺点顺其自然继续存在。正是因为缺点的存在，人才需要做选择。只有这样，一个人才能用优秀品质替代不良品质。

心灵中存在缺陷或不良倾向的目的是为了帮助他发现自身力量的完整性。发现心灵力量的完整性是接近他人和世界的方式，受教育者能从中最大程度得到幸福感和满足感。拉亚兹拉比还说：

世界上没有什么比人们通过努力变坏为好更伟大的事。在一片肥沃土壤上耕种，最后获得收获，其幸福程度肯定比不上在一片贫瘠土壤上耕种并获得同样的收获。因为除了经济意义上的收获，后者还使人通过辛勤劳动获得了道德层面的满足感。

如何看待孩子

基于前文对人复杂的心灵结构的描述，在任何情况下，我们都可以通过两种不同的观点或视角来看待孩子，并在这两种视角间不断切换。

第一章　什么是教育

根据第一种视角，孩子身上存在各种缺点，包括能力上的欠缺，这让孩子饱受折磨，因此必须应对和解决这些问题。这种视角关注的是他们身上天然的局限性。另一种视角看到的则是孩子优秀的品质和无限的潜能，看到的是他们的第二种心灵。用这种眼光看待孩子，我们不但会觉得孩子更为优秀，他们自身也会变得更加自信。这样一来，他们不好的和存在缺陷的方面也会失去作用，难以影响他们的情绪。

当我们使用第一种视角，我们看到的其实是我们根据一些标准描述出的孩子的肖像，这些标准包括行为模式、举止仪态、成就、学习、社交情况、经济能力和职业水平等。之所以用这些标准，是因为我们坚信孩子未来的发展路径是确定的，他们要学习、找工作、结婚，他们终将被磨去棱角，接受社会的各种规则，接受我们给他提出的建议，因为只有这样，"他才能过上幸福的生活"。

但如果采用另一种视角，我们就不会将这种外在的标准强加给孩子，不管这些标准看上去有多么正确和主流。这种视角关注的是孩子的无限的潜能，而不是他必须取得多么大的成就。这能够极大改善父母同孩子在日常生活中的关系。道理很简单，如果我们关注的是孩子好的行为，就会看到更多这样的行为，如果关注的是孩子不好的行为，结果则会让我们更为失望。

此外，孩子身上一些看似属于弱点和缺陷的地方，如果我们用积极的眼光去看待，并加以引导，也能成为潜在的优点。原因在于，每个孩子都具有内在的完整性。所谓缺点，无非是在这些方面他们还没有发现自己的力量。教育的目的就是帮助孩子发现这种内在性。

在这种视角下，孩子所有的行为，包括不良行为，都包含有对追求美好事物、获得潜在技能、能力和品质的欲望。父母最大的挑战在于一方面能够发现孩子的不良行为，另一方面又能让孩子追求完美的欲望得到满足。在这个问题上，拉亚兹拉比说：

　　不能说心灵本身存在优点或缺点，或者说有的心灵是高尚的，有的则是有缺陷的。事实绝非如此，因为所有的心灵在本质上都是完整的……我们只能区分心灵发现内在力量的程度，并以此将人区分成伟大者和渺小者。

　　孩子忘记带三明治就匆匆出门，这并不能说明他们是健忘的孩子，只能说明他们受到某件事情或某种情绪的干扰。莽撞和叛逆的孩子总喜欢大吵大闹，挑战权威，但也许他们只是很需要温暖、关注和爱。有的孩子内向、安静，过于拘谨，他们很可能有极强的创造力，等待着我们去发现。

　　有时父母带孩子去参加朋友聚会，会用批判的眼光看待朋友的孩子。通过对比，他们会更加欣赏自己的孩子。当然，有时可能情况相反，比如在餐桌上，父母可能会觉得自己的孩子表现得很调皮，孩子的一言一行都显得没礼貌。这时，不管是否说出来，父母都会进行对比，然后特别欣赏朋友的孩子。孩子从邻居家回来后，如果听到我们表扬邻居家的孩子，他们则会难以接受。其实，不管是我们对待孩子的态度，还是我们在孩子身上看到的所谓的品质，很大程度上都取决于我们的决定，源于我们选择了一种既定的看待现实和孩子的方式，而这种方式将影响到我们的教育方向。

　　不管是在有意识还是无意识状态下，我们看待孩子的方式都在塑

造着我们和孩子关系的同时，直接影响到孩子的自尊心。如果我们改变
自己看待孩子的视角，同时改变自己和孩子的对话方式，孩子也会改变
他们与生俱来的功利视角。

隐藏在不良行为中的完整性

选择更有利于提升孩子的视角，并不取决于孩子在行为上的转
变。面对孩子的所有行为，不管是好的行为，还是不好的行为，我们都
可以在前面提到的两种视角间进行选择。

即使孩子存在明显的问题，我们也可以切换看待他们的视角，这
一点在《创世记》中也有所体现。大洪水之前，上帝看到人有各种邪恶
的想法，所以决定将他们从地球上抹除。"终日所思想的尽都是恶……
耶和华……心中忧伤……耶和华说：'我要将所造的人……都从地上除
灭。'"大洪水过后，当诺亚从方舟中走出，上帝又用同样的方式描述
人，说他们从小就心里怀着恶念，所有的思想都是邪恶的，但这一次，
为了赢得人心，他决定不再给人降更多的灾难。

原文中所说的"恶念"并非仇恨或愤怒。这种恶念来源于人类只
在乎自己，对他人冷淡。所以释经学者拉什认为，"从小时"指"从娘
胎里出来"。也就是说，当婴儿来到这个世界，他首先拥有的倾向就是
只能看到自己。

有一种对《圣经》文本的解读认为，这证明尽管人类天性如此，
但如果我们换一种眼光看待人的天性，将其视为一种做出改变或发现其
他品质的机会，这也是可行的，只要观察者有这种愿望。

因此，皮亚塞奇诺大拉比呼吁教育者不要相信孩子内心存在不好

的方面,哪怕表面上看确实是不好的方面:

即使很遗憾地看到了年轻人的恶意和不良品质,也要明白,这不过是心灵的天然状态,是孩子不成熟的表现。他们就像没有成熟的苦果,假以时日都会变得甜美多汁。以色列·本·以利撒拉比以及他的学生们教导我们,孩子不存在邪恶品质或天性……关键在于我们是否懂得如何让他们成长。

无条件的好

现在我们能更好地理解卡洛尼姆斯·卡尔曼·沙皮拉拉比的意图。他所生活的环境异常艰难。虽然眼前看到的一切让人难以接受,但在关键时刻,他做出了不同的选择。当时,成千上万的同胞被屠杀,活着的人也饱受磨难。就在他自己也惨遭屠杀前,卡洛尼姆斯·卡尔曼·沙皮拉拉比却提醒他的哈西德运动的追随者们:教育能让孩子发现内在自我和尊严。这种自我认知关系重大,能让受教育者获得新生,发现自身的无限潜力。在巨大的灾难面前,当看不到任何希望时,拉比仍然意识到人身上具有巨大潜能,认为人有能力发现精神上的力量。通过这种发现,每一刻都被赋予新的意义,变得更为崇高。

卡洛尼姆斯·卡尔曼·沙皮拉拉比并非只是教导我们如何应对危机和灾难,而是提醒我们,即便在平凡的日常生活中,在处理没完没了的事务时,或当事情不尽如人意时,我们更应该努力寻找孩子内在的完整性和崇高品质。这种完整性的发现取决于诸多因素,但关键因素在于孩子感到我们无条件接受他们，在任何情况下，面对任何事情，我们都会在陪他们身边。同样，他们也必须无条件地接受和爱自己。要想拥有这种完整性和真正的幸福感，我们的心灵要控制身体，而不是被身体控制。

这是哈西德主义教育方法中一个基本教育原则。无论何时何地，父母都要牢记，自己的主要教育职责不是培养孩子的习惯，不是满足他们的要求，不是教他们懂礼貌，更不是给他们灌输各种知识。这些是居于次要地位的教育工具。父母还要明白，如果对孩子说"我没法跟你们待在一起""你们无可救药""你们总是犯同样的错误""你们这些孩子真是无法无天"，父母就偏离了正确的教育轨道，没有履行自己的职责。这些话不但无法帮助我们发现孩子的力量和能力，还会掩盖它们。提升孩子的原则在于促使他们发现自身潜力，这有助于他们在终其一生的内心斗争中保持情绪稳定和心理健康。

教育的目的是让孩子认识自我，自我认知和完整性的发现之间有着密切的联系。自我认知让孩子无条件地接受自己，并相信自己以及自己的能力。而孩子接受自我的前提是父母能无条件地接受他们。

当我们压抑孩子的个性，让他们只看到自己的负面品质和行为，我们就在阻碍他们做出积极改变，实现成长，发现个人的内在力量。当孩子发现了内在自我，他们就不再认同那些负面的情绪，因而让自己做出改变。情绪常常会悄然生长，不断扩散。他们明白，出现这些不良情绪并不是他们的错，这些情绪也无法定义他们，更无法代表他们。这个自我发现和让精神超越物质的过程在本质上就是教育的过程。正如梅赫纳姆·门德尔·施内尔森拉比所言："发现优秀品质没有其他方法，只能靠激励。"这不正是我们作为父母和教育者的职责所在吗？

要么修复，要么恶化

在情感教育问题上没有中间地带。如果缺少精神上的教育和引导，会出现什么情况？拉亚兹拉比强调："若不修复，必然恶化。"也就是说，如果不去应对自私倾向带来的各种情绪，不去认识产生不良情绪的心灵活动机制，那么受教育者的情况只会恶化，让他感到困惑、不安、悲伤、焦虑，甚至出现需要专业治疗的心理疾病。即使父母并没有做出任何伤害孩子的事情，只是忙自己的事情，很少陪伴孩子，孩子也会因为无法得到成长所需的精神食粮而出现问题。没错，父母没有故意伤害，但客观上造成了伤害。

之所以会如此，主要在于人的心灵结构。如前所述，人无法自然地摆脱自私性，很容易陷入悲伤、愤怒以及对他人的情感麻木。要想改变和向积极方向引导这些不良品质，人需要付出巨大的努力，从而克服这种自然倾向。

所以，根据拉亚兹拉比的方法，教育理论和教学理论是不同的。教学的确是一份艰难而苛刻的工作，但教育的难度更大。

教学理论在本质上是解决智力和科学上的事情，通过案例或比喻解释一个概念，培养学生理解事物的能力。在当下的信息时代，教学主要是发展学生的个人能力，给予他们理解事物的工具，让他们能够通过这些工具继续拓展自己的知识边界。

第一章 什么是教育

不同于教学，教育事业针对的是学生的品质。正如拉亚兹拉比所说："不管多么高水平的教学，在影响力上都不及对品质的培养，哪怕是对人的品质做出一点小的修正。"

教育的责任也比教学重大。在教学时，就算一个学生什么也没学进去，他不过是缺少知识，并不会影响其品质。但教育是一项直接面对心灵的事业。卡洛尼姆斯·卡尔曼·沙皮拉拉比写道："我们讨论的不是'教学法'上的艺术，而是如何为人父母……我们追求的不是学生的智力，而是他整个人，他的心灵和精神……"教育者的行为如果不当，会对学生的品质产生长期负面影响。所以，教育和情绪引导不是锦上添花，而是必不可少的工作。

根据以色列·本·以利撒拉比的观点，如果没有教育，人就像被猛然抛到这个世界，没有任何工具，一切都无能为力。如果他被扔到大海里，就只能等着被淹死，无法得知自己身上隐藏着多大的力量。《诗篇》中写道："在海上坐船，在大水中经理事务的。"对于这句话，以色列·本·以利撒拉比是这样解释的：在海上①指的是心灵下到肉体，肉体会掩盖心灵，就像海水能掩盖海中的生命一样。如果一个人得到教育，心灵就会发现其在现实世界中的力量，对人而言，这相当于在大海中找到了一艘安全的小船。如果没有这艘船，他就会被海水淹死。

艾丁·斯坦苏尔茨拉比也通过他亲身经历的一件事强调了情绪教育的重要性，这种重要性不仅体现在家庭，也体现在教育体系当中。

---

① 希伯来语用到了"下"这一动词，所以原文相当于"下水"。——译者注

他提到耶路撒冷一个非常好的学校所发生的事情。据他说，这里的教师都是耶路撒冷顶尖的学者，代表着这座城市在学术上的最高水平。他这样写道：

在他们毕业很多年后，我问这所学校的一些毕业生，谁对他们的影响最大。他们中许多人都说是学校的一位清洁工，一位也门出生的女性。这位女性没有接受过任何正式教育，但她为人诚恳，看问题很透彻。所以不管是谁，只要遇到了麻烦，不会找任何一位老师，甚至不会去找校长，而是选择同她聊天，听听她有什么建议。

这所学校只有极少数老师算得上拥有真才实学，而大多数老师在知识上和学生并没有本质区别，只是在数量上存在区别。换一个角度说，他们和学生的区别无非是无知和更无知的区别。其实，一所学校真正需要的是女清洁工这样的人，因为这样的人才能真正影响他人。毕竟，毕业以后，大部分书本上的知识都会被我们遗忘……

综上所述，一位好的老师不仅要教会学生如何学习，还要教他们如何成为一个人，一个成熟而幸福的人。

情感独立

美国心理学家和教育家约翰·杜威说："教育是生活的过程，而不是对未来生活的准备。"哈西德主义思想也认为，教育考虑的不是未来，而是当下。教育没有特殊的目的，却是人一生的基石。或者说，教育的主体和目的都是教育本身，它能够影响孩子未来的一生，并不是一种针对未来的某种准备或训练。

　　然而，要想检验我们对受教育者的教育是否正确和成功，其影响是否长远，的确是在教育之后的事情。卢巴维奇拉比认为，教育的首要目的是"让受教育者能够自行应对生活给他的考验"。也就是说，我们不要将行为模式或价值强加到孩子身上，而是让他们拥有主动提升自我的愿望。如果在教育完成后，受教育者在没有教育者帮助的情况下也能应对内心的斗争，明白自己难过、焦虑、自责和麻木的原因，能够将自己变成光的来源，成为能够给周围带来积极影响的力量，并发现自己的积极品质，那么，这就证明之前的教育是正确而有效的。教育的理想结果在于受教育者成长为一个可以通过自身努力积极影响他人的个体。如果一个人愿意为他人付出，助他人成长，那也证明他得到的教育是高质量的。

　　从这个角度看，教育者的工作就是让受教育者从消极倾向的外在压力中解脱出来，正如卢巴维奇拉比所言："让他的思想和行为一致……只有这样，他的生活才会幸福，因为他内心不再有不同冲动带来的分裂和长期斗争，或用哈西德主义的语言，崇高心灵和兽性心灵之间的斗争。"

　　可以说，情感教育之所以重要，在于其能够让孩子深刻明白，自己可以战胜各种困难，尤其是不良情绪带来的困难。教育帮助他更自如地应对内心的斗争。当孩子发现身上的某种力量后，他们就可使用这些力量让自己变得成熟。正如肖洛姆·多夫伯尔·施内尔森所言："教育在于不断发现崇高的光，然后让受教育者拥有足够的力量自行运转。"

但如何才能做到这一点？如何让孩子相信自己，发现自我内在的独立性和完整性？接下来，有必要思考哪些是作为父母必须履行的职责。

父母的职责：心的智慧

法国哲学家和法国大革命"先知"让-雅克·卢梭写道:"出自造物主之手的东西,都是好的,而一到了人的手里,就全都变坏了。"因此,教育的任务是培养人的力量,但不能违背上帝赋予其的本性。在他看来,人"他扰乱一切,毁伤一切东西的本来面目;他喜爱丑陋和奇形怪状的东西;他不愿意事物天然的那个样子,甚至对人也是如此,必须把人像练马场的马那样加以训练;必须把人像花园中的树木那样,照他喜爱的样子弄得歪歪扭扭"。

这些观点来自卢梭的《爱弥儿:论教育》一书。在卢梭看来,这是他所有作品当中最好、最重要的一部。他声称这本书不仅讨论教育,还论证了人性本善的思想,因此他倡导"自然教育"原则,这一原则在很多方面意味着将人从许多社会枷锁中解放出来。

卢梭自己并非教育方面的楷模,他性格多变,自己的五个孩子都被送到孤儿院,但他的著作对西方思想界产生了巨大影响。

1760年,卢梭这本书出版的两年前,以色列·本·以利撒拉比离开了人世。后者在教育上的基本观点和卢梭几乎完全相左。正如在上一章提到的,以色列·本·以利撒拉比认为,"要成为一个优秀的人,最主要在于打破自身不好的自然属性"。

的确,在犹太教育家们看来,人虽然是造物主直接创造的,但另一方面,正是造物主在人身上创造了许多不良品质。也就是说,这些先天的不良品质并非因人而造成，人类自身并不想拥有这些品质，也不愿受情绪剧烈波动的折磨。这一切都出自上帝之手，而上帝这样做的目的只有一个：让人类接受这一挑战，修复自己的性格缺陷。一方面人内在的确具备修复这些缺陷的潜力，否则我们在内心也就没什么可发现的力量。但另一方面，那些经常出现且不受控制的思想、焦虑、嫉妒、傲慢、愤怒和紧张情绪，其存在并不是人的错，其目的是为了让人"打破"它们，修复它们，将它们转化为良好的品质。

从这个意义上讲，父母教育孩子时的主要任务就是改变孩子的自然天性。虽然人的自然天性根深蒂固，但可以被改善和引导。

两种父母教育方式

可以说，对人的天性的两种不同看法在很多方面可以应对父母的两种教育方式。约瑟夫·博尔·索洛维契克拉比指出，世界上第一个男人称自己的妻子为夏娃，因为她一生都将是母亲[①]。"但第一个男人的名字和父亲没有任何关系。他的名字是'亚当'，也就是'人'，而不是'亚伯'（希伯来语当中'父亲'的意思）"。不同于第一个男人的名字，传说中的犹太人的先祖亚伯拉罕就扮演着父亲的角色，这一点在他的名字中也确有体现。世上第一个人亚当和亚伯拉罕在名字上的区别并非巧合，因为他们代表着约瑟夫·博尔·索洛维契克拉比归纳出的两种父母教育类型。第一种父母教育类型大致符合卢梭的理念，第二种类型则是犹太心灵理论所提倡和追求的。

第一种类型属于自然教育，这是一种接近于生物学意义的父母教

---

① 在希伯来语当中，夏娃一词的词根有"生命""生活"之意。——译者注

育方式。在这种传统的方式下,培养孩子的责任主要由母亲承担。具体而言,母亲赋予孩子生命,养育孩子,但并不需要引领孩子成长。父亲的作用更是可以忽略不计,所以亚当的名字当中没有任何"父亲"的含义。从这个意义上讲,他们对孩子的期望可谓顺其自然,没有什么崇高的使命感。这是一种"非常自私、本能和原始的渴望"。约瑟夫·博尔·索洛维契克拉比这样说并不代表他对这类父母的价值评判,而是客观描述父母自然存在的动机和冲动。使用第一种教育方式的父母一般都认为孩子是自己生命的延续,他们很爱孩子,也会充分表达他们的爱。但这类父母对孩子的付出也具有明显的功利性,这样做能满足父母内心去爱他人和照顾他人的需求。孩子的存在就是让他们得到情感上的满足感。表达爱本身是一件好事,但这仍然是一种自私的表现,因为这种爱的表达首先是为了父母自己。

第二类父母教育出于对未来的展望和对意义的追求。在这种教育方式中,父亲上升为老师,他的职责也从边缘来到中心,和母亲平起平坐。同时,母亲的作用也发生变化,不再局限于生物意义上的养育,而是肩负起道德教育的责任。为人父母有时非常艰难和痛苦,但在这种教育方式下,父母的教育工作因为被充分赋予了意义和方向而不再艰辛和痛苦。父母对孩子的爱不是出于自私,而是源于一种使命感。孩子不再是父母满足自身需求的工具,父母成了孩子的教育者和教练。

第二类父母的教育方式并不局限于训练孩子的具体行为,培养他们的具体能力,强健体魄或开发智力。关键在于发现,让孩子发现那个完整、崇高和具有无限潜力的自我。第一类教育方式是帮助孩子为未来生活做准备。第二种教育方式让孩子得以提升,不再受自然情感的支配。

在第一类父母的教育方式中,即自然教育中,父母也特别担心孩子，但这些担心并不能提升孩子的精神境界。在自然界，许多动物都会以极为感人的方式照顾自己的孩子，但它们无法引导孩子的情绪。母山羊会奋不顾身地保护小羊羔，表现出伟大的母爱，但它永远无法帮助小羊羔战胜自己的天性。

第二类父母的教育方式在很大程度上正是犹太心灵理论所追求的理想状态。这种方式能够提升孩子的层次，让他们在精神和心灵上得到救赎，帮助他们产生合理的情绪，发现自己内在的崇高潜力。

第二类父母教育方式的基本方法是什么？如何更深入地了解和学习第二类父母教育方式的特点，从而将其转化为切实可行的原则？

根据卡巴拉主义和哈西德主义的观点，一个人应对自身不良情绪的过程中蕴藏着父母教育的奥秘。换句话说，在一个人修复自己品质和不良情绪的方式当中，我们可以看到理想的亲子关系应该是什么样的。在描述"打破"不良品质的心灵过程中，卡巴拉主义和哈西德主义还描述了父母的重要性。因此犹太心灵理论本身就包含着正确的教育原则。

所以，在正式讨论父母在情感教育中的职责之前，首先让我们一起了解应对和解决不良情绪的基本原则。

理智与情感

施奈尔·扎尔曼拉比应对和解决情绪问题的方法非常庞杂，在哈西德主义著作中得到详细的阐述。从中我们可以提炼出一个基本的指导原则：只有理性才能控制情感，将其引导至正确的方向。

在施奈尔·扎尔曼拉比看来，思考能力是人特有的，但并不代表人的全部潜力。只有当正确的思想（即不自私、不将人视为中心的思想）作用于情感时，人才能发现自身的完整性。真正的修复出现在人的情绪发生变化时，而不是在获得多么高深的知识后，即使是关于他人和社会的知识。

施奈尔·扎尔曼拉比称之为"头脑控制内心"的过程。对于如何实现，他总结道："如果我们能够成功转变我们看待事物的方式，改变我们对现实的认知，那么我们就走上了掌控情感的道路。"卢巴维奇拉比是这样总结心灵提升基本思想的：

一个基本原则是……让头脑和内心（或者说理智和情感）和谐共存，并让头脑主导内心。只有这样，这两股力量才能趋于完美的和谐状态，让人在日常生活中充满活力……当理智和情感进入这种和谐状态，人在日常生活中的各种行为……都不再具有矛盾、冲突和动荡。

显然，如今大多数人内心充满困惑，深受情绪波动的折磨……这都是理智和情感内在分裂与不和谐的产物。

为什么说情绪的变化始于理性思考，而不是始于情绪本身？因为人对某件事情产生某种情绪之前，首先要通过思维能力观察和认识这一事物。在正常情况下，品质的产生和表达都基于认知，这是我们内心的一个基本规律。我们不可能不经过任何观察和思考就无缘无故爱上一个人，就像我们不可能在对一件事情没有任何了解的情况下就对其产生敬畏之情。需要指出的是，内在的敬畏感并非恐惧和害怕，而是一种崇高的情感特征。敬畏意味着人发现了某种特殊和崇高的事物，并因此感到喜悦。就像一位学生突然看到他耳熟能详的一位伟大学者来到自己的教室，会激动万分。如果他对这位学者的研究领域和学术发现进行更多的了解，他会更加发自内心地尊重他。从这里也能看出，认知决定了情感的方向和强度。

人无法直接控制自己的内心，无法决定是大胆去爱，还是充满敬畏之心。但根据施奈尔·扎尔曼拉比的方法，人可以决定自己观察些什么，思考些什么，以及说些什么。这样一来，他实际上在引导自己的情感。

不同于很多人所认为的那样，当一个人的理性驾驭了自己的情感，他并不会因此变成一个冷漠的人。恰恰相反，这个人会产生许多正确和健康的情感，从而充满生命力和动力。理智控制性格品质的最终目的不是让人变得多么自律、礼貌和沉稳，而是让一个人感情充沛，为生命和他人而感动，能够珍惜生命中的每一刻，避免成为一个缺少情感、麻木不仁的人。

父母代表理智，孩子代表情感

我们应该如何利用理智来激发和引导情绪？在回答这个问题之前，有必要指出，我们上文对理智和情感关系的讨论当中本身就蕴含了父母在教育孩子过程中应当遵守的原则和应当避免的错误。

在《教诲》一书中，人的品质和情绪被称为"孩子"，人的理性思维和行动力被称为"母亲"。也就是说，情感是思维活动的结果，这同孩子的行为和情绪状态受父母教育的影响一样。

每一种情绪都有其"父母"。正是这些"父母"给我们的生活带来各种情感和情绪，就像父母自然生育孩子一样。当某种情绪已经"出生"后，剩下的问题就是"父母"应当选择哪一种方式来教育"孩子"。

父母的角色几乎等同于个人心灵结构中理智的作用，而孩子就像情感和情绪。有这样一种对"年轻人"的定义：年轻人就是感性强于理性，以至于理性无法控制和引导情绪的人。因此，父母的角色就是帮助孩子树立正确的生命观。从人类相对于其他生物的优势当中也可以看出父母的重要性。人类是唯一一种在正确和被修复条件下，其品质和情绪可受理性控制的生物。

综上所述，教育的主要目的不是让孩子变得彬彬有礼，或行为得当，虽然能做到这些也很好。教育的主要目的是让人拥有健康的情绪，避免经历心灵的折磨，激发人内心的激情和活力，从而能够做出积极的行为。

在接受教育前，孩子会被一些特定的事物吸引，并明显具有将自己置于世界中心的倾向。教育应该改变这一切，就像在提高修养过程中人通过理性影响并改变情感一样。

为了更好地理解父母的角色，我们将对理智和情感的作用作更为深入的对比。

"头脑"不能只想自己

理智和情感的一个共同点在于两者都在人和外部世界进行互动时才能够得到充分体现。不管是理智还是情感，互动双方都包括人和外在于人并同人发生关联的事物。但是，理智和情感在这一互动过程中有不同的侧重点。人的理智本身不太关注人的自身，而是关注与人发生关联的事物。当人尝试掌握某种知识时，知识本身是思维关注的重点，而不是自己。也就是说，在学习的过程中，他从自己的小世界中走了出来，他的大脑关注的是他要学习的知识或要分析的观点。当一个人尝试理解某一事物，大脑关注的一定是他试图理解的东西。为了

第二章　父母的职责: 心的智慧

不受自己主观偏见的影响，他会尽可能保持客观，就事论事，甚至忘记自己的存在。主观偏见或自私动机会影响到他对这一事物的理解和判断。诚然，在日常生活中，我们很难完全理性地审视问题，因为人是一种极为复杂的动物，内心拥有多种不同的力量，很难做到完全客观。但是，当我们思考某个观点、事实，或选择某一产品时，人必须尽可能排除主观偏见和私念，心无杂念地观察事物本身。

　　不同于理智，情感的侧重点在于人以及人的感受。人喜欢一样东西，并非这件东西本身有多么好，而是因为它对自己有好处。人讨厌一样东西，也并非因为这件东西本身有多坏，而是因为这件东西对自己或对自己在乎的人和事不利。也就是说，在这种情况下，一个人对事情的喜好完全取决于个人的价值观和立场。在他和世界的互动关系中，一切不再取决于世界本身，而是取决于世界对他感受的影响。

　　根据卡巴拉主义和哈西德主义经典著作所讲，父母所扮演的角色应当类似于理智的角色。父母应该关心孩子本身，而不是让孩子变为他们所希望的样子。所以，父母和孩子的关系中也不应掺杂任何利益关系和个人立场。将自己置于中心或基于个人利益的亲子关系会影响父母职责的履行，就像个人利益会影响到理智发挥作用一样。对于面对不同选项或行为方法时应当如何选择的问题，以色列·本·以利撒拉比提供过一个非常有价值，但有悖于人们直觉的建议:

　　　　当你面对多种选择，（对不同的做法）存在疑虑……
　　　　那么首先排除对个人私欲或尊严的考虑，然后再审视不同的选项。因为只有这时上帝才会祝福你，让你看到真理……

换句话说，个人利益不应该成为我们行为的动机，或成为我们决策时的首要考虑因素。事情本身才是最关键的。父母的个人利益，比如享乐、为了给别人留下好印象，或让自己获得片刻宁静，只会蒙蔽我们的双眼，影响我们做出正确的选择。正确的方式是将孩子的需求放在首位，而不是父母的需求。

以色列·本·以利撒拉比的建议可以运用到我们所有的日常行为当中。比如，孩子正和朋友在院子里玩，父亲突然想让孩子把房间收拾一下，所以在孩子玩到一半时喊道："马上给我过来！"只有当这位父亲做出这个决定并非出于对自己的考虑，而是单纯为孩子好，才属于教育工作的有机组成部分，他这时把孩子叫去做家务才是正确的决定。如果这位父亲有任何自私的考虑，比如他受不了自己工作时孩子玩耍，或只是为了把自己的沮丧或愤怒发泄到孩子身上，那么他这个决定就是不合理的，这样做只会产生不必要的矛盾和争吵。相反，如果他让孩子做家务没有任何自私的目的，孩子也会感受到父母的真诚，一般也会主动地配合。

我们再来看另一个场景。一位母亲有三个儿子，两个儿子从名校毕业后拥有令人羡慕的职业，但还有一个儿子对高等教育并不感兴趣，而是选择另一条人生道路。这时，这位母亲要非常注意自己在第三个儿子面前的反应模式。也许她在心里接受这个儿子的选择，但同时她总是说在名校读书有多么好，不断表达对另外两个儿子的欣赏和自豪之情。她坚信价值观和学习标准必须要高，不能轻易放弃上大学。在某种程度上，这位母亲被自己的偏好所影响，认为孩子是"她的展览柜"。因此，她在第三个儿子面前不再是一名合格的母亲，没有履行父母的义务。价值观和学习标准固然重要，但如果这位母亲没有发自内心地明确表达对第三个孩子所选道路的认可，这个孩子会错误地认为自己的道路与教育目标背道而驰，似乎自己没有在发现自我、不断创新，并忠于自己的内心、才华和梦想。母亲的态度会让他觉得自己不够好。孩子的心理状态和幸福指数最能说明父母教育是否成功，那这位母亲对第三个孩子的教育就是失败的。这个孩子很难幸福起来，不管他如何掩饰，他心中都充满了失望感。

因此，当我们请求或命令孩子做某件事，或让他们肩负某种责任时，一定要首先考虑他们的利益。

不要将我们的负面情绪传递给孩子

不以自我为中心的立场能帮助我们避免在孩子面前发泄自己的情绪，这经常表现为情感绑架，或否定孩子行为的意义。

"你们什么时候才会开始感激我们为你们所做的一切？"

"在我们小时候，哪像你们这么幸福，能得到这么多东西。"

"为什么你们不来看望我们？为什么不给我们打电话？"

"我为自己的父母付出了那么多，同样是子女，你们为什么做不到？"

这些话都是父母将自己的负面情绪强加到孩子身上的体现。这些父母将自己置于世界中心，只能看到自己的不易，完全忽视了身为父母的职责和孩子的情感结构。如果我们作为父母总是感到被孩子伤害，那说明我们首先考虑的不是孩子的利益，而是自己的利益。"他伤害了我！""他让我变了一个人似的。""我没法和他们相处下去了。"说出这样的话,说明父母并没有发挥正确的引导作用,没有在教育孩子,也未能给孩子提供真正需要的东西,即使他们觉得自己已经为孩子付出了一切。这种情况下,他们被孩子牵着走。如果一个孩子总是让父母出现某种特定行为,那么在某种意义上,孩子就间接成了父母的教育者。

孩子并不等同于父母的朋友,他们和父母在地位上完全不同,因此,父母不应该对孩子感到失望。其实,一个心理健康的人对朋友也不会有太多期望。这样一来,朋友也不会让他感到失望。对待孩子更应如此。期望只会伤害孩子,影响亲子关系。如果父母对孩子提出一些自私的要求,那么父母就同刚出生的婴儿一样,不断通过吮吸和索取来满足自己的需求。不仅如此,由于他们总给孩子贴标签,孩子会觉得自己不够好。在这个问题上,任何年龄段的孩子的感受都是如此。父母不应当因为小孩的自私行为而感到受伤,即使孩子成年后,当孩子出现同样的行为,父母也不应该表现出过激的反应。毕竟,父母永远是父母。

父母所表达的自私情绪会很快带来麻烦,伤害孩子的自信心。比如,我们都知道,爱的本质是给予,是对他人的善意。当一个人爱另一个人,他爱的是那个人本身,这种感情当中没有任何改变那个人的想法。但如果一个人的爱是基于自然天性,那他就会以自己为中心,首先看到的不是别人,而是自己。他爱的只是自己描绘的一个近乎完美的肖像,一种外在的形式。在父母教育中,一旦孩子不符合这一肖像,比如没有朝着父母期望的方向发展,而是走上了一条自己选择的道路,这种爱就会马上转变为愤怒和失望,因为这种爱从一开始就是有条件的。总之,父母爱的是他们在心中描绘的那个孩子,而不是孩子本身。

比如,一位父亲在孩子身上付出了很多,但孩子还是没有沿着他设想的道路发展。他很可能经常对孩子抱怨说:"我在你身上付出了一切，你说说我还有什么没给你的东西？"但这位父亲没有看到，他所付出的都是他想给孩子的，而不是孩子想要的。他眼中根本没有孩子，只有他希望孩子成为的那个形象。

孩子会长大成人，但这种亲子关系的逻辑永远不会变。不管孩子多大，他们都不是父母的同辈，他们在情感上仍然需要父母。根据这一逻辑，如果父母一直资助孩子学习，但在某个阶段，孩子突然决定改变自己的发展方向，父母应该弄清孩子身上发生了什么变化，而不是直接埋怨孩子辜负了自己的期望。这种发泄没有任何作用。即便孩子表现得非常生气和叛逆，父母也不应该感到受伤，或报复孩子。因孩子的行为而感到受伤，说明父母没有明白孩子的需求，没有将孩子置于和自己完全平等的地位。这样的父母在很大程度上已经放弃了孩子，也不在乎孩子的真正需求，他们关心的只是自己。

如果父母明白孩子的情绪变化过程，自始至终注意自己对孩子的说话方式，父母就不会有那么大的压力，不会被孩子伤害或顶撞，也不会再给孩子设置过高的期望，毕竟，这种期望注定带来失望，没有任何必要。

全身心地付出

在教育孩子的过程中，父母不能有私心，应当时刻留意自己的所作所为是否对孩子有利，但仅仅做到这些是不够的。理智的确可以引导情感，但它并不是情感的所有者。

同样，父母对孩子也没有任何特权，孩子不是父母的财产，父母也不是孩子的"所有者"，不能对孩子想怎么样就怎么样。诚然，相对于以前，或遥远的原始部落社会时期，现代人已经能够普遍意识到这一点,但在日常生活中人们很多时候对这一理念落实得还远远不够。

在犹太教育观念中,孩子是暂时由父母托管的"寄存之物"。

在《米德拉什》中记载了一则发生在梅厄拉比身上的比较悲伤的故事,其中,他的妻子以一种独特的方式告诉拉比他们的儿子去世的消息,这则故事也强调了孩子只是父母托管的"寄存之物"。原文如下:

梅厄拉比在安息日下午在犹太会堂讲道的时候,他的两个儿子同时去世。

母亲是怎么做的?她把两个儿子的尸体摆在床上,把床单盖在他们身上。

安息日晚上,梅厄拉比从犹太会堂回到家里。

他对妻子说:我两个儿子呢?

她说:去犹太会堂了。

他对妻子说:我在犹太会堂没看到他们。

妻子递给他用于完成安息日结束仪式的杯子,拉比完成了分隔仪式后再次问道:我两个儿子呢?

她说:他们去其他地方了,现在就回来了。

妻子把饭菜摆在他面前,他吃过饭菜,做了饭后祷告。

然后妻子对他说:拉比,我有一个问题要问你。

他对妻子说:你说吧。

她说:拉比,有个人之前在我这寄存了东西,今天他要拿走,要不要还给他?

第二章　父母的职责：心的智慧

他对妻子说：我的女儿啊[①]，寄存之物必须还给所有者。

她对他说：拉比，如果不是你这样认为，我是不会还给他的。

她接下来是怎么做的？她抓住他的手，带他来到房间，走到床前，掀起床单，拉比看到自己两个死去的儿子躺在床上。

他放声大哭，并说道：我的儿子，我的儿子啊！我的老师，我的老师啊！我的儿子所在世界的道啊！我的老师曾用《托拉》照亮过他的双眼！

这时，她对梅厄拉比说：拉比，你不是说，寄存之物必须还给所有者吗？

他说：赏赐的是耶和华，收取的也是耶和华，耶和华的名是应当称颂的。（约伯记1:21）

哈尼纳拉比说：随后，梅厄拉比的妻子安慰了他，他的内心恢复了平静，并评论道：这真是一个伟大的女人。

当梅厄拉比发现这个悲惨的事实，作为人，他的本能反应是撕心裂肺地痛哭。但他妻子提醒了他作为一名父亲养育孩子的角色，从而使他得到了巨大的安慰。因此，他们的对话从对正义、牺牲和指责的讨论转变为对"寄存之物"的讨论。虽然这是一个过于悲伤的例子，但其基本观点对于日常生活中父母教育孩子有着重要的指导意义。

根据犹太教育观点，父母对孩子只有责任可言。的确，在养育孩子的过程中父母能得到诸多好处，但这并不意味着为人父母能拥有任何特权。孩子能为父母带来满足感，陪伴父母，填补他们内心的空虚，让

---

① 在上帝面前，所有女性都是女儿。这是拉比对女性的常用称呼。——译者注

父母的生命在某种意义上得以延续,但这些只是教育孩子带来的一些额外结果,并不能成为教育孩子的动机,也不应该成为教育孩子的指导性原则。父母必须不断问自己能给孩子带来什么,而不是能从孩子那里得到什么。当然,这种给予不排除在适当场合限制或阻止他们做某些事情,但这些限制也是给予的体现,因为这样做也是考虑到孩子成长的需要。

寄存的目的是什么?

为什么孩子要被寄存在父母这里?卢巴维奇拉比认为,通过将孩子寄托给父母,上帝将父母变成他的合伙人,他们共同的目标是确保孩子的心理和精神上的健康发展,让孩子的心灵发光。在拉比看来,正如我们在序言中提到的,父母最主要的责任是确保孩子心理和精神的发展,没有任何其他方面比这更重要,包括对孩子身体的照顾。

比如,一对父母可能非常尽心地照顾自己的孩子,但过于担心孩子的身体健康。他们一会儿担心孩子的营养不够,一会儿又担心孩子生病,并让这种焦虑情绪弥漫在整个家庭中。这种焦虑情绪会让孩子在家中时刻感到压力,一旦生活发生某种变化,这种压力会被迅速放大。当孩子身体不舒服,需要立马看病时,父母会把所有的注意力都放在孩子的身体问题上,他们的行为也会因为焦虑而发生变化。他们说话时长吁短叹,不停地向别人咨询各种与健康相关的问题,甚至禁止孩子出门。正如下文会提到的,父母的焦虑感会传递给他人,而首当其冲的就是孩子。他们身体上的问题很可能几天后就过去了,但很多情况下,受父母影响,孩子会继续处于极度焦虑的状态下。他不愿出门,只有在经过专

第二章 父母的职责：心的智慧

业心理治疗后才能恢复正常生活。对这个家庭而言，我们看到，虽然在孩子生病之前，父母和孩子之间就存在传递焦虑的对话模式，但特殊事件的出现会让孩子的心理状态遭受到更严重的影响。

不管这听上去有多么不合常理，但在拉比看来，积极地影响孩子的情绪、让孩子内心感到平静，相信一切都会朝好的方向发展，是父母最重要的任务，这远比孩子的身体健康重要。当然，这并不是说父母可以忽略孩子的身体，不让孩子及时接受治疗，而是说，心理方面对孩子的生命也是极为重要的，也更容易受到父母影响。如果孩子没有完成和健康相关的任务，比如不刷牙或不洗澡，父母当然会为此付出一些代价，但如果父母在孩子面前情绪失控，陷入愤怒、苦闷、悲伤或焦虑，父母将付出更大的代价。

曾经有一位男青年抱怨自己在事业上没有进展，因此请教了在澳大利亚教授卡巴拉哲学和哈西德主义理论的亚伦·莫斯拉比，拉比给这位年轻人的回答为我们提供了从另一个角度审视这个问题的方式。他说，在现代社会，即使一个男人和第三任妻子离婚，他所有的孩子都不同他联系，他整天都感到十分焦虑，所谓的朋友都是和他有利益关系的人，甚至连他的狗都不想和他一起生活，总之，他的心灵犹如没有避难之船，在大海中垂死挣扎一样，但是，如果他在生意场上能赚到很多钱，人们就仍然认为他是成功的，仍然会有很多人欣赏他，崇拜他，以他为榜样。

但真正的成功不应该是这样。除了事业和工作之外，一个真正成功的人能够拥有精神层面的定位，保持情绪的稳定，时刻感到喜悦，在内心和价值上有自己的坚守。经济上的成败根本不是检验一个人是否成功的标准。为了获得真正意义上的成功，我们必须弄清这些事情孰轻孰重。教育深层的问题不是孩子长大能做什么，能赚多少钱，而是他们应该采用何种更为宽广的视角去看待自己的生活,以及是否真正发现自己生命的本质。在这个意义上,不管是为人父母,还是作为一般意义上的教育者,最为核心的任务都是修复孩子的品质。

从上文我们可以得出结论,孩子之所以被"寄存"在父母这里,目的只有一个,那就是我们要让孩子在精神和心灵层面得到成长。父母每时每刻都要思考,所有对孩子的行为和引导是否能让孩子的情绪更稳定、内心更喜悦,是否会对孩子的情感产生伤害。

这并不是说父母不能给自己任何休息和放松的时间,但这种休息和放松也是为了孩子,为了自己之后更好地履行父母的职责。

总而言之,在情绪教育上,父母的责任重大,需要不断思考如何对孩子最有利,自己还能给孩子做什么。这样做并不是单纯为了满足孩子的欲望,而是在心理和精神上提升孩子。

父母权威的来源

父母的权威从何而来?有人说,父母把孩子带到这个世界的事实就构成其权威的来源。也有人指出,相对于孩子,父母更有力量,更有知识。作为成年人,他们养家糊口,因此,他们拥有父母的权威。从第一种类型,即自然父母教育的角度看,这些观点都没有问题。但是,父母更高层次的权威来源并不在这些方面。父母的权威源于他们一心为孩子好,他们能告诉孩子,什么对他们来说是正确的,什么是错误的。雅努什·科扎克在第一次世界大战期间是一名作战部队的军医,他在工作之余写下《如何爱孩子》一书。在书中,他完美地从孩子的视角诠释了这个问题:

第二章　父母的职责：心的智慧

　　孩子有渴望、请求、要求的权利——他有权利长大成人，并在成人后生下后代。而在理想的教育中，孩子没必要吵闹和故意把鞋弄坏，听从父母和教育者就行，并且相信所有的一切都是为了他好。

　　对孩子而言，父母的权威来自他们明白父母的选择一般都是正确的，而且父母的考虑都是为他们好，没有其他杂念。父母的权威不是自动获得的，而是从孩子那里争取而来的。

　　因此，父母强迫孩子，或使用武力，对于维护他们的权威没有什么好处。"不要在这里吃东西！""去刷牙，然后赶紧给我上床睡觉！"父母对孩子这样大喊大叫，并不能说明他们多么有权威，只能说明他们很无助。

　　当孩子感到被尊重，认为父母对他们指导并不是在发泄自己的不满，而是真心为他们好，大多数时候孩子都不会反抗父母。

　　由于孩子之于父母就像情绪之于理智，孩子也会本能地被有利于自己的东西吸引，逃避那些对自己有害的东西。所以，他们对父母的反应模式也是基于他们对父母态度的感知。孩子能够区分父母只是在考虑自己，还是完全为孩子着想，一心希望孩子能够更好地成长。

　　我们应该给孩子制定明晰的边界，当他们越过边界，我们就明确地说"不"。这样一来，大多数情况下，他们明白这个"不"的回答背后并没有父母个人的情绪和动机的存在。比如，遵守健康饮食规则的孩子到了超市，也会像其他孩子一样兴奋。他们想要糖果，走到糖果附近就不愿离开，一定要父母买。如果父母和孩子一起仔细地看包装袋，发现这个糖果不利于孩子的身体健康，孩子立马就会放弃购买这些糖果。

为什么？因为父母拒绝购买糖果并不是因为有情绪，也没有为自己的考虑，而是基于他们家之前明确设定并一直遵守的规则。

相比之下，当并没有提前定好规则的孩子要买糖果，而父母一味强调糖果对他们的身体不好，大部分情况下孩子会继续坚持。原因很可能在于孩子看见父母吃过同一款糖果，或之前当他们表现得好时，父母拿这些糖果当作给他们的奖励。由于缺少一致性，不管父母怎么讲道理，孩子都不会觉得糖果真的会对自己的健康构成伤害。

在很多情况下，当父母的某个决定或禁止孩子得到某物的行为当中包含个人动机，那么其价值会大大降低。总之，一个基于为孩子考虑的决定往往是一个好的决定，而包含有父母个人动机的决定往往是一个不那么好的决定，而且孩子往往能感受到这些动机。

换句话说，父母做出的正确决定，不管是什么内容，都不包含任何其他动机。这个决定可能是为孩子设立边界，或增加为孩子的付出程度。决定背后的意图对孩子情绪的影响远大于决定本身的内容。

总之，当我们将父母和孩子的关系比作理智和情感的关系，一切都会变得清楚易懂。父母在孩子那里应该永远发挥"头脑"的作用。孩子需要明确的指导才能应对生活，而提供这种指导的人正是父母。如果父母总是垂头丧气，怨天尤人，总是希望孩子倾听他们，而不是他们倾听孩子，或如果他们总是感到自己被孩子伤害，那就说明他们没有切实履行父母的职责。

第三章

父母的选择

选择是犹太思想中一个最基本的原则。

选择自己的情绪和内心感受至关重要，可以说，人的生命之所以被创造，就是为了让人在每一刻都能选择自己应该思考什么、说什么，以及做什么事情。

以色列·本·以利撒拉比认为，所有的人，甚至所有的生物，都具有不同倾向，并能够根据意愿选择自己希望的倾向。"世界上任何一个生命都无所不包，一切都取决于这个生命的选择。"也就是说，在内在和意识层面上，人面对着无限的可能性，而通过对这些可能性的选择，人可以对自己的情绪负责。选择的时刻极为重要，正是这些时刻让人的生命和内部斗争变得有意义。只有当人决定履行自己的职责，勇敢地走向战场，他才能得到帮助。所有的邪恶、黑暗、不良倾向和麻烦都是为了让人从自己的狭隘世界中走出来。人可以自由选择认同何种观点，如何解读现实，以及通过何种视角看待生命。任何一个时刻的选择都可以改变一个人生命中所关注的焦点，影响他内心的情绪和感受。

即使已经为人父母，父母仍然需要去主动选择父母的角色，履行父母的职责。父母对孩子的影响就像理智对情感的影响，但不得不承认，理性思考需要人付出努力，如果人不去主动选择调动自己的思维能力，大脑就无法稳定而高效地工作。迈克尔·亚伯拉罕教授指出，决定论认为一切都事先确定，人没有任何自由选择权和自由意志，这种观点

第三章 父母的选择

不但同我们的信仰相矛盾，还同人类能够思考的事实不相符。在笛卡儿的名言"我思故我在"的基础上，亚伯拉罕提出"我思故我选"。如果没有选择的能力，人就不再是思考的动物。因此，经常思考孩子教育问题的父母也是主动做出选择的父母。通过这种努力，他们主动选择扮演父母的角色，履行父母的职责。

这种意义上的选择有时并不是在几个明确选项中进行选择。如果一位父亲感到精疲力竭，想拥有属于自己的时间，但这时孩子希望得到他的关注，他就面临着一个选择。这个选择并不在于是否成为一名父亲，因为他已经是孩子的父亲。这个选择在于是否能在那一刻切实担负起父亲应该履行的职责，从受害者心态中走出来，不去认为作为父亲就意味着不得不将所有的个人时间花在孩子身上，完全没有休息时间。当然，他的选择也可能带来其他决定，他可能会考虑选择全家去度假，让自己更好地放松，或雇人来做家务，让自己有更充裕的时间，这些决定都是非常必要的，而且这些决定源于他在履行父母的职责。

如果一位父亲或母亲的工作非常繁忙，在和孩子相处时，也面临相似的选择。他们应该将与孩子相处的时间视为工作之余不得不应付的苦差，还是选择全然接受自己作为父母的责任？当然，这位父亲或母亲可能决定继续坐在电脑前工作，暂时不让孩子打扰自己，这样才能在完成工作后更好地陪孩子。总之，只要父母主动做出选择，并落实自己所选择的方案，他们就不再会有负罪感，并能够在他们选择的时间和地点陪伴孩子。

从上面的例子中我们可以看出，事情的关键不是父母具体做出怎样的决定，而是选择本身，即他们是否选择成为孩子的"头脑"。

选择与幸福

事实上，主动选择还能释放人内心的压力，将父母从受害者心态中解放出来，不再觉得成为父母就意味着失去了属于自己的生活。毕竟，既然是自己主动做出的选择，何来受害者之说？所以，这种有意识的决定能够避免产生负罪感或受到良心上的折磨，从而使父母和孩子的情绪状态都向好的方向转变。孩子能够感觉到父母的行为是主动选择的结果，还是根本没做选择、敷衍了事的结果。如果在陪孩子的时候，父母总觉得自己错过了什么东西，心不在焉，这也会被孩子觉察到。在这些时候，作为父母，我们并没有承担起自己的责任，没有尝试避免或解决问题，而是在被动忍受这些问题和陪孩子的责任。这种状态会导致孩子觉得自己不被接受，因为父母似乎在盼着他们赶紧长大，届时就不再需要不停地满足他们的各种需求。

从事积极心理学的泰勒·本–沙哈尔博士认为，获得幸福、战胜痛苦的能力很大一部分来源于人的主动选择，并认识到自己拥有选择的能力。本–沙哈尔专门写了一本书讨论选择和幸福之间的关系。他在书中强调，如果人们"混日子"，他们就默许自己不做选择，但他们并不会因此过得悠然自得，因为他们将在别人的选择下被动地生活。如果不主动做出选择，我们很难幸福，因为我们放弃了引导自己情绪的能力。

可以说，在这个问题上根本没有中间地带。如果一个人不做选择，他就会进入默认模式，回归自然心理状态，变得一切以自我为中心。关于这一点，拉亚兹拉比说：

为了心灵和世界都按照上帝的意志，大地上每一个人的生命都被

第三章 父母的选择

某种限制性力量局限在一个时间和地点……人所看到和听到的一切也受到局限……在人的面前只有两条路，一条通往黑暗的地狱，一条通往光明的高处……选择善还是恶，走向光明还是黑暗，人可自由决定。

不管在什么情况下，不管遇到任何人，不管经历怎样的变化，人都面临选择。我们现在首先讨论的不是情绪上的选择，而是理智上的选择。父母都难免感到过不安、疲惫、紧张和无助。只有理性地改变自己的视角，有意识地接受作为父母的责任，才能真正改变自己对父母角色的看法。

施奈尔·扎尔曼拉比解释说，人很难控制自己的内心和情绪，但是，人完全可以控制自己的言语和行为，在这些方面的选择上拥有极大的自由度。而当一个人选择自己思考的内容，他实际上也在选择保留、驱逐或抑制内心的某种情绪。

施奈尔·扎尔曼拉比还解释说："中人之德是每个人都可以拥有且应当追求的品质。""中人"在《教诲》当中是战胜了自己内心斗争的英雄，他在每一刻都选择自己应该思考什么。"每一个人在每一刻都可以成为'中人'。"

在做出选择的时候，人并不一定会发生内在改变，但是他不会让自己被某种外部声音所控制。

的确，在行为、言语和思想上，每个人都拥有选择、能力和自由，因此，他行动、说话和思考可以违背内心的意愿，甚至与之背道而驰。如果一个人的内心渴望追求物质享受，不管这种享受是被允许的还是禁止的，他都可以克服这一欲望，将自己的注意力转移开来。

通过这些话，施奈尔·扎尔曼拉比似乎在告诉父母，即使他们心中有一些不好的感受，或希望逃离"此时此刻"，他们也可以克服这些情绪和想法。决定是做出改变的第一步，能够帮助他们充满喜悦地履行父母的职责。

充分的主观意愿

需强调的是，父母履行自己的职责并不完全是一个理智层面的选择。为了不把孩子当成负担，他们还需要调动自己主观意愿的力量。

亚伯拉罕·以撒克·库克拉比认为，选择"全然地生活"，或接受来自生活的喜悦，取决于两种精神活动。第一种是理智上的理解，但是单纯从这个层面看待事物是不够的，我们还需要第二种精神活动的补充。有时，一个人本可以取得更大的成就，但他的主观意愿可能会将他引导至其他方向，有时甚至与他的理性相违背。在这种情况下，他的知识和理解反而让他感到更加痛苦。所以库克拉比解释说："就像需要充分的智慧一样，我们同样需要充分的主观意愿。""充分的主观意愿"能帮助人在每一刻都做出正确的选择。对父母而言，这意味他们每一刻都能接受父母应尽的责任。

当父母发自内心希望履行这些责任，他们的教育方式会发生微妙的变化，他们对孩子所说的话都发自内心，传达给孩子的信息和他们自己的为人处世是一致的，而不是外在于他们。贤哲曾说，发自内心的东西能够直抵人心，产生立竿见影的作用。在主观意愿的作用下，父母的言语明显能让孩子感到是来自父母心灵深处的话，而非出于个人利益的考虑或受到不良情绪的影响，比如身心疲惫或一时冲动。当孩子感受到这些话来自父母心灵深处，他们更容易被打动。相反，如果父母的话很难被孩子接受，那就说明这些话不是发自内心，在说这些话时没有把孩子的需求放在首位。当父母的言语不是发自内心，孩子会很快发现父母言行不一，从而拒绝接受这些信息。

影响意愿力的因素

我们如何才能做到不仅充分地理解父母角色的重要性，还拥有成为父母的充分的主观意愿？实现"充分地理解"很不容易，但实现"充分的主观意愿"更难，而且后者往往以前者为基础。

人的思考力具有范围上的有限性和方向上的明确性，要求我们集中注意力。我们不能完全按照自己的意愿去理解事物，因为我们的理解无法超出理智和逻辑的边界。但意愿则不同，它并不体现为某一器官的特定功能，就像眼睛之于视力和耳朵之于听力那样。意愿让我们心灵力量向某个方向聚焦。正是意愿在引导我们的心灵力量，调动我们的理智和情感来完成某件事情。当一个人强烈希望获得某样东西时，他就会运用自己所有的力量来实现这个想法。

正由于意愿是一种具有方向性的偏好，而不是大脑、眼睛或腿等器官所蕴含的特定能力，所以，一方面，我们很难调整和改变它；另一方面，当人真心希望得到某样东西，外人很容易看出这一点。

为什么我们会想得到某些东西？也许它能给我们带来愉悦感，或因为其他原因，但不管怎样，这样的东西并不一定是好的。比如，很多时候，我们明知不应对孩子大吼大叫，但我们还是忍不住这样做。我们明知有的话说出来有百害而无一利，但我们还是忍不住这样说。之所以如此，是因为单纯依靠大脑的理解力，我们无法获得"充分的主观意愿"。要解决这个问题，我们还需要把自己的主观意愿从其他方向引导过来。

为了转移我们的意愿，我们不仅需要理性观察和深入理解，还要全身心投入到自己身为父母的角色中，不惜奉献一切。

奉献精神意味着超出现实考虑范畴的付出和关心，完全不计回报。父母所有的意愿都要集中在满足孩子的需求上，做好为孩子提供帮助和支持的长期准备，让他们得到最好的教育，竭力让孩子得到他们所需的精神和情感上的幸福。

在奉献精神的指引下，人不再考虑各种限制和情绪倾向，也不再追求绝对冷静的思考或便利。在这种状态下，我们生命的价值得以充分展现，对我们来说这种价值超出任何功利主义的考虑。我们每天起床都会迫不及待地开始迎接激动人心的全新一天。这是我们最真实的生活，也是最值得过的生活。通过奉献，我们能打破生命的局限性，找到新的生命价值。

当一个人改变了自己的意愿，之前的意愿几乎不会留下任何痕迹，这也算改变意愿能力的一个优点。当父母选择成为父母，并真心渴望成为父母，他们之前存在的种种意愿不会给他们带来任何烦恼，他们可以全身心地投入教育孩子的伟大事业中，不再只关注自己。

付 出

我们理性地观察和认识一件事情是需要花费很长时间的。同样，卢巴维奇拉比认为，父母对孩子在饮食、服饰、玩具等物质需求上的满足，并不能替代他们陪孩子学习和玩耍所付出的时间。学校的工作是辅助父母，并不能代替父母的教育责任。

所以，在任何情况下父母都不能减少花在家庭上的时间。当有父母咨询卢巴维奇拉比时，他明确地建议不要因为其他非家庭事务而减少自己花在家庭上的时间，弱化自己对家庭的影响力。

人的存在感很大程度上来自他对家庭的影响，没有任何人能取代他在家庭中的责任和义务。

如果父母不积极参与到孩子的生活中，他们很难真正对孩子产生影响，就像如果人不去选择观察和认识某一事物，就不可能对其产生情感。为人父母就意味着要为孩子奉献。这不是人的自然倾向，而是每个人的主动选择。当然，在自然状态下，我们也会善待孩子，为他们付出，这种爱是无条件和不求回报的。但相对于这种爱，教育还需要进一步去发现孩子崇高的精神世界。

父母的影响

父母需要做出的选择不仅是主动担负起父母的责任，还要做到不要对孩子失去信心，也不要认为自己无法影响孩子。

有时，特别是当父母年龄大了以后，他们可能觉得自己已经失去对孩子的影响力。

他们这种感觉并非完全错误，也有真实的成分。很多情况下，孩子更喜欢咨询朋友或关系更疏远的人，并受到他们的影响，不再听从父母的建议或指导。之所以如此可能存在多种原因：首先，他们也许觉得父母的话以及父母的建议与父母的行为不相符；其次，当接触陌生人或关系不那么近的人，孩子觉得这种关系不会影响到自己的独立性，而这种独立性对他们而言非常重要。他们总担心父母不会像对待成年人那样对待他们,而是硬性运用父母的权威。

孩子更容易接受和自己生活不相关者的建议,可能还有第三种原因:在孩子看来,陌生人或关系较远的人同他们没有任何利益关系,所以不用担心他们存在偏见。还有,由于父母在情感上和孩子的关系非常紧密,当孩子出现某些不良行为,父母经常会情绪失控,关系较远的人则不太可能这样。比如,一个孩子从学校偷了贵重物品。大多数情况下,父母的反应都会非常情绪化,他们会出现很多影响他们判断和反应的想法,比如:邻居们会怎么想?孩子的"个人档案"上会有怎样的记录?这对整个家庭是一种多大的耻辱?诸如此类。关系比较远的人则更容易就事论事,找到更合理的解决办法。

尽管如此,父母对孩子的影响始终存在,虽然这种影响需要很长时间才能体现出来,但有时父母没有注意到这一点,或不这样认为。当父母主观认为自己对孩子的影响有限,他们可能会停止付出,不再去尝试影响孩子。一位父亲多年来漠视自己同孩子的关系,但希望改变这种关系模式,虽然孩子已经成年。这时,他不应该等待孩子来问候他,而应该主动去关心和帮助孩子。他行为的改变对孩子内心的影响必然是缓慢的,不可能一蹴而就,但最终一定会有积极的结果。所以说,我们要相信自己拥有改变孩子情绪状态的能力,永远不要失去信心。

当父母坚定地参与到孩子的成长当中,他们的言行最终一定会被孩子接受,哪怕这是一个漫长的过程。如果一个女孩非常叛逆,父母也要让她知道他们不会放弃她。为了让她回归正常,父母为她的付出超出了她的预期,不断将她朝好的方向引领,那么这些付出就算无法立竿见影,也一定会在她身上起作用。而一旦父母放弃改变,不再做出努力,这个女孩会认为自己已被抛弃,因而感到更加孤单和无助。

第三章　父母的选择

卢巴维奇拉比在他的书中强调，解决所有情绪问题的前提都在于父母始终坚信存在解决方法，并认为这是他们作为孩子的教育者不可推卸的责任。他们相信一切皆可改变，这对于解决孩子身体和心理上的问题都至关重要。拉比还强调："如果说在生理上有些病无药可治，那么在精神层面，根本没有心灵之药医治不好的病，这种药不但能治好病，还可以让之前的问题消失得无影无踪。"

永远不要失去改变和前进的信心，这一点在犹太心灵理论中非常重要，因为做到这一点意味着父母看到了孩子心灵的内在完整性。不良倾向和品质的来源是多方面的。有时，一个人生来就有这些缺点，还有的时候是恶劣环境的影响下形成的不良习惯。拉亚兹拉比说，不管是什么原因，即使这些不良倾向和品质发展到了非常严重的程度，父母和教育者也要明白自己有可能也有能力改掉孩子身上这些毛病，让孩子的心理和行为回归正常。我们天生具备这种改变的力量。

拉亚兹拉比在他去世前一年的另一封信中也强调：我们做每一件事都要拥有"强大的信念，不能有丝毫的怀疑，直到这成为我们心灵的一部分，并被美好的光照亮"。这种决心和信念源自我们对自己影响力的信心，这对于医治身体和治愈心灵都意义重大。缺少了改变的信念和决心，我们什么都做不成。

父母的完整感

施奈尔·扎尔曼拉比写道："人在脑海中根据自己所处的位置想象自己试图接受和理解的概念。"

对这句话的一种解释是，人在理解客观现实和判断他人动机时会受到个人视角和位置的影响。比如，一个人如果一心想着如何养家糊口，他在看待人和分析形势时会不断从经济角度计算成本、利润和性价比。如果他追求的是自尊心或欲望的满足，这些视角同样会影响到他对现实的观察。

明白了人的这种倾向后，我们能得出以下启发：

第一，这有助于我们更坦诚地面对自己，我们可以根据自己看待世界和他人的方式，确定自己观察现实所采用的视角。

第二，了解自己是如何审视他人的，有助于改善我们的人际关系，不再因为别人对我们的批判而感到威胁。因为在很多情况下，这些批判源于他人看待我们时的视角和立场。意识到这一点，我们就没有那么容易被他人伤害或感到痛苦不堪，不仅如此，我们还会更加同情和理解他人。

第三，这还有助于让我们认识到自己的潜能。当我们明白并非每个人都采用和我们一样的视角，那么一定有些人对现实看得更清楚，理解得更深刻，主观偏见的成分更少。因此，我们也应该调整自己的视角，提升自己的高度。

这种理解同父母教育之间也有着紧密的内在关系。本书第一章强调教育的前提是为孩子的优秀品质赋能。那么，父母如何才能够接受自己的孩子，并帮助他们全面地认识真实的自我（而不是基于他们所取得的成就）？答案是，要想让孩子做到这一点，父母首先要选择接受自己。因为孩子的自我认知和父母的自我认知有着密切的联系。如果父母没感到自己的内心完整而没有缺憾，不觉得自己能从容和积极地应对生活中各种麻烦和困难，那么他们的孩子也很难做到这一点。

施奈尔·扎尔曼拉比的观点给我们的三点启发，对于处理亲子关系也非常有效。通过分析我们观察、批评孩子以及同他们交流的方式，我们可以看到自己的情绪状态，从而更好地修正我们作为父母的反应和行为模式，为自己制定提升亲子关系的目标和方式。

总体上看，"头脑"的作用是提升、完善和重塑我们看待问题的方式，让我们不再将目光聚焦在缺憾上。一位善于提升孩子的家长并不一定是一位完美的家长，而是选择不让不良情绪进入内心，并尝试让自己不断影响孩子的家长。他决不让孩子成为自己发泄负面情绪的出气包。"头脑"的作用应该是引导情绪。如果他总是小题大做，关注事情的负面，那他的情绪也将是负面的。我们看过很多这样的报道，许多来自困难家庭的孩子在多年后接受采访时表示，他们从没觉得生活有多么艰难，也并不认为自己有多么贫困。相反，他们描述的都是幸福的经历，尤其是精神上的幸福。他们之所以没有缺失感，是因为他们的父母没让这种消极的感受进入他们的家庭。可见，父母的缺失感是否会传递给孩子，很多时候并不取决于他们家银行账户上的数字，而取决于父母的主观意识。

当这种完整感被充分表达，其实就是一种精神上的喜悦。这种喜悦在某种程度上并不是一种情绪，而首先是思维上的一种认识，继而产生一种自己什么都不缺的感觉。对于这种充满喜悦感的人而言，生活并非一帆风顺，他们也会遭遇各种困难和不幸，但他们拥有积极的世界观，善于看待事情美好的一面，他们的生活也会因此向好的方向发展。由于没有缺失感，他们内心会产生积极的情绪，他们充满活力，积极向上，更倾向于主动实践，不断提高和拓展自己，而不是出于客观需要。

小智慧和大智慧

被不良品质支配，追求及时满足，哈西德主义称这种情况为"小智慧"。"大智慧"则用来形容人克服自己的不良品质。从"小智慧"的状态中走出来是一件极具挑战性的事情,"小智慧"也是小孩和年轻人普遍存在的倾向。"人在年轻时往往精力旺盛,他们经常会有不好的念头,走上欲望和贪婪之路,这一点必须克服。"但要想真正让孩子克服这些不良倾向,父母自己也要摆脱"小智慧"的影响。

一个人的品质同其智慧有着密切联系。不成熟者追求和喜欢渺小和缺少价值的东西,因为他的智慧不够,不足以让他们得到更重要的东西。他们还很容易因为一些小事生气、惊慌、骄傲或表现出其他负面情绪或倾向。

这里的"不成熟者"并非专门指孩子。如果父母在孩子面前表现出不好的品质,那父母的心灵境界也停留在"不成熟者"的层次。从上文我们能看出,一个人的情绪状态和他看待问题的深度有关。相比之下,孩子的情绪状态在很大程度上取决于父母的状态。如果他们的思维能力没有得到发展,理性没有得以提升,他们就会失去培养良好情绪和品质的空间。施奈尔·扎尔曼拉比强调,停留在"小智慧"的人会经历严重的情绪问题,因此他缺少智慧和主见。他的情感和智力缺少连接点。当然,再次强调,这种"小智慧"和年龄没有关系,完全由人看待事物的方式决定。

如果父母总是觉得自己被孩子所伤害,习惯用批判的眼光看待孩子,这就说明父母的状态存在问题。当父母回到家时情绪低落,那这种情绪会感染给其他家庭成员。父母的情绪状态能影响到几乎任何年龄的孩子。甚至在怀孕期间,母亲的压力都会影响到胎儿的性格和健康。研究人员对58名从怀孕到生育后两年内经历过暴风雪天气的女性进行了跟踪调查,发现这些母亲承受的精神压力越大,孩子的语言能力越差。此外,另一项研究调查了"婴儿在10周和10个月大时表现出来的不良性情"，并发现其程度同母亲在孕晚期的焦虑程度呈正相关的关系。其他研究还指出了母亲压力水平同孩子适应新情况和同陌生人交流的难度之间的相关性，以及其同婴儿哭闹之间的相关性。人在压力状态下会分泌一种被称为皮质醇的激素，如果母亲的皮质醇很高，她们的婴儿在面对新的刺激时会表现得更为惊恐或痛苦。

当人的情绪表现得强势，而理智表现得弱势，即对情绪的影响力不足时，"人就像一头野兽或一具尸体"，因为他已经失去了做出选择的能力。相反，如果人一直在追求更有价值的东西，他内心就会孕育出更好的情绪和品质。施奈尔·扎尔曼拉比说：

内在和外在的品质的根源在于人的智慧和观念，人的品质和他的智慧是相对应的。这一点在孩子身上可以明显看出来，他们的智慧和理性不足，因此品质也是关乎一些无关紧要的事情。成年人也是如此，我们要根据一个人的智慧来赞美他。一个人的智慧越大，他就越充满爱和仁慈，其他内在和外在品质也来自他的智慧和观念。观念也非常重要……我们能看到，人们观念的不同导致他们品质的不同。

自　责

自我厌恶，父母因为之前的错误选择或一些可能伤害到孩子的行为而深感自责，甚至因为这些行为而陷入悲伤，以至于封闭自我，无法接受现状并充满希望地改变现状，那么这种自责感对于教育没有任何意义。因为让自己悲伤、自责和良心不安并不是真正意义上的自省或自我审视。

加剧我们自责情绪的一个错误观念在于我们认为这种情绪对我们有帮助，似乎有助于我们审视和反省自己的行为。但我们必须摈弃这种错误观念。自责情绪如果仅停留在思考阶段，并不能带来任何实质性的修复行为。这种情绪不仅无法带来我们行为上的改变，还会让我们变得不自信。带来改变最好的方式是深刻理解哪些是正确的行为，哪些是可能带来伤害的行为。自责还可能对父母和孩子的关系产生极大的破坏作用。它阻碍人进行真正意义上的自省，不利于人真正修复和改善自我。

让我们回到之前提过的身体治疗和心理疗愈的类比。父母的自责就好比人们本期望一位医生能非常专业地治病救人，但没想到他在看到鲜血或被毁坏的器官时突然情绪失控，放声大哭。医生当然可以有同情心，但没人愿意看到他们因为自己过于感性而让病人的病情加重。如果他在治疗过程中犯了错误，对他来说最正确的方法也不是情绪崩溃，而是思考如何及时补救。

父母的一个重要职责是给家庭带来更多的喜悦感和安全感，这样孩子做任何事情时都能从他们身上汲取力量，获得鼓励。有犹太学者指出，母亲的职责比父亲的责任更重大。在孩子小的时候，由于母亲通常同孩子关系更近，对孩子的影响也更大，因此这一点尤其需要注意。总之，父母的自责心理只会带来相反的效果，因为这样他们只能看到自己以及自己犯的"错误"，而看不到孩子。

父母的改变

如果父母能够有意识地做出选择，充分调动自己的主观意愿，那么这一选择不仅能够促使父母更好地履行自己的职责，还能让父母自身发生积极的变化。很多时候，面对自己，父母很难做出选择或改变，但是一旦涉及孩子，他们随时愿意付出努力。

卢巴维奇拉比认为，我们可以通过一个人对孩子的态度和试图给孩子提供的教育来认识这个人。理想的教育能够反映教育者的真实目的和人生态度。

每个人在生命当中都有自己的目标和态度。很多时候，人无法达成自己的目标。即使达成，他也会很快设定新的目标。对于自己的生命，人们总是瞻前顾后，左顾右盼，最终放弃自己的梦想和追求，有时甚至为自己未能实现梦想找各种借口和理由。他们可能埋怨外部环境、运气、阻碍他们的人甚至父母，当然，他们有时也会埋怨自己。

但面对自己的孩子时，他们会克服各种不利条件，弥补孩子的缺失，让孩子去实现自己未能实现的理想，成为他们未能成为的自己。这就是为什么人们常说："我希望孩子比我更好。"在这种情况下，孩子给父母的生命赋予新的意义。如果没有孩子，他们的生活似乎索然无味。

所以，通过父母对孩子的教育方式，我们可以若隐若现地看到父母的人生观和价值观。父母教育的特点和他们对孩子的要求当中本身就包含着父母对自己的期望。我们单纯审视一个人的个人生活有时很难得知他的真实处境，可能他在生活中经历着激烈的内心斗争，处于斗争下风的他生活得非常被动。但在教育上，他一定会努力修正错误，解决问题，弥补教育上的各种不足。只要他认准自己的教育方式是正确的，而且切实履行父母的职责，他就会不计成本地投入。

在深刻认识到教育的重要性之后，父母在教育上的付出能够帮助父母克服自己的不良倾向。所有教育孩子的行为都能帮助他战胜自己经历的内心斗争。总之，在自己的问题上，人们有可能会轻言失败，但如果他们在乎自己的孩子，相对于为自己，他们会为了孩子付出更多。一位真正视自己为父母的人，为了不让孩子受到伤害，会更好地控制自己的情绪和行为。大多数人宁可伤害自己也不愿伤害孩子。比如，一位吸烟的女性，如果明白吸烟对胎儿的危害，她很可能在孕期成功戒烟。单纯为自己，她根本没有足够的毅力，但她不会让自己的行为伤害到胎儿的健康。

其实，父母改变自己也是在为孩子树立榜样。榜样的力量是无穷的，其作用在教育领域也得到广泛讨论。因为孩子们希望看到我们传递给他们的价值和观点与我们的行为相符。如果两者出现矛盾，那么在孩子眼中这些教育的价值也将大打折扣。

为人父母、教育孩子是一项长期任务。首先，我们要了解和接受父母的角色和职责。正如"大脑"需要正常运转才能指挥人体各个器官，父母也要时刻意识到自己的行为。要知道，即使在某些特殊场合，父母认为自己可以暂时不去履行父母职责，孩子也在旁边静静地观察着父母以及他们的情绪变化。此外，对于那些为了引导孩子而教给他们的理念和原则，如果父母自己也能深刻理解并付诸实践，会得到更好的教育效果。这样一来，这些教育理念和原则就能同时对父母和孩子产生积极的作用。

为了提升孩子的情绪状态，父母有许多必须做的事情。同时，在同孩子交流的过程中，为了不伤害孩子，父母也要坚决避免一些错误的反应方式和行为模式。下一章讨论的正是父母在教育孩子过程中需要避免的几类情况。

第四章

教育上必须避免的错误

"你什么都做不好。如果你再不努力，以后只能去扫大街！"

"如果你再这样……就不要和我们一块儿出去了，一个人老老实实待在家里吧！"

"你怎么总是笨手笨脚！又把牛奶弄洒了！"

"你什么时候才能长点脑子！"

你是否对孩子有过这样的负面评价？是否曾贬低孩子？责备孩子？对孩子生气甚至大发雷霆？威胁？说教？嘲讽？羞辱？发泄负面情绪？或通过设置条件来约束孩子？

教育关注的主要是孩子的心灵，目的是让他们现在和将来成为幸福的人。理解这一点非常关键。刷牙、洗澡、学好功课、完成作业等事情固然重要，但快乐的家庭和稳定的情绪更为重要，这才是父母需要积累的最宝贵的财富。因此，父母在做任何决定，或对孩子的行为做出任何反应时，要始终牢记这一点。

我们之所以会犯错误，存在多种原因，比如主动选择、直觉使然、考虑不周或情绪失控等。犹太心灵理论要求我们在任何情况下都要尽力避免这些错误。这些错误的反应和行为会对孩子造成伤害，不利于父母实现自己的教育目标，因其不但无法帮助孩子发现自我，还会适得其反，让他们远离自我，出现更多的心理问题。然而，尽管这些负面反应几乎没有任何效果，尽管我们明知责备或训斥对孩子没有好处，不能带来改变，还可能固化他们的不良行为，我们仍然难以改变自己的反应模式。

　　本章的目的就是根除我们对孩子做出的错误行为。需要指出，本章主要是列举亲子关系中较常出现的几类错误行为和交流方式，指出其错误的原因，但并不涉及取代这些行为的方式或建议。

风格和语调

　　父母在与孩子沟通时，说话的内容固然重要，但说话的风格和语调也很重要，内容和方式都可以对孩子产生深远的影响。有时，即使父母没有说任何不合适的话，但如果他们情绪紧张、缺乏耐心，或表现得过于强势，孩子们也能通过父母的行为和语调感受到他们的情绪。这样一来，孩子的内心会悄然发生变化，受到消极的影响。

　　很多情况下，作为父母，当我们开始怒吼，和孩子争吵，或在他们面前失控，就说明我们在那一刻感到非常无助，觉得无能为力，认为只有通过增加自己的反应强度，孩子才有可能听我们的话。这时，我们丧失了作为父母的权威，孩子对我们所提要求的执行程度也会大打折扣。我们没有发挥"头脑"的作用，没能成为引导情绪的理智，而是成了情绪本身，被孩子牵着走。

责备、说教和批判

　　很多人都是如此，认为自己在责备和批判孩子时，在长篇大论地讲道理时，就是在教育孩子。但这些情绪化的言论没有价值。我们在说教时，指出的都是孩子外在的缺点，无法对孩子内心产生影响。责备和说教有时看似发挥了作用，但孩子这种行为上的改变和修正并非源于内心的改变，而是受外力作用来到了一个他们并未实际达到的高度。即使我们说什么孩子就做什么，他们的内心依旧如故。拉亚兹拉比明确表示：

很多教育者认为愤怒和吼叫有助于达成教育目标，所以他们对受教育者毫不留情面，说出很难听的话。但事实上，受教育者可能会在当时受到教育者的影响，但他们的心只会因悲伤而萎缩，他们的心灵甚至在痛苦地哭泣，这种教育方式没有任何好处……

这些情绪化的言论和行为无法进入孩子内心，因而作用有限。可能孩子当时会改变自己的行为，按照父母的要求做，看上去也似乎很内疚，但孩子并没有将其内化并转化为自我意识的一部分。因此，过不了多久，孩子很可能会回到之前的状态，就像回旋镖一样。此外，长期的批判会对孩子产生持续的伤害，他们会感觉自己生活在批判的"摧残"之下，自己的一言一行都被父母审视。这让孩子失去了自由行动的空间，进而自信心也会受到影响。

当孩子没有按照特定要求行事，或给大家带来麻烦甚至造成混乱时，父母要避免孩子在良心上受到谴责。这种内心活动会让孩子认为自己是多余的，这同让孩子无条件接受自己的教育原则背道而驰。他们会变得自闭，并将这种心理带到成年时期，总觉得自己不够好，无法接受自己。

比如，一个孩子想在电脑上查东西，于是来到父亲的工作台，使用父亲的电脑。其实，之前他也偶尔会和父亲一块玩电脑游戏，或在得到允许的情况下独自使用电脑。但这一次，他不但没有获得明确的许可，还不小心把咖啡洒到放在电脑旁的文件上。他马上意识到自己犯了错误，但还没来得及道歉，父亲就说道："我和你说过不要碰我的工作台。看看你都做了些什么！我一天的工作都白做了。为什么没有经过允许就开我的电脑！"这位父亲已经在尽量控制自己的情绪，没有大发雷霆，但他说这些话的语气还是让孩子受到伤害，所以孩子立马哭了起来。

我们没必要总是指出孩子的缺点和不足，同样，我们也没有必要让孩子感到自责。单纯指出问题并不能真正解决问题，更无法促使孩子去修正自己的错误。

严厉批评孩子会带来消极影响，尤其是类似"你怎么总是这样"的批评方式。这只会强化孩子的缺点，让他们更难做出改变。

恐吓、条件约束和威胁

恐吓背离了教育的初衷，因此我们不应当有任何恐吓或威胁孩子的行为。有一位母亲认为年幼的儿子有多动症，于是把他关在小黑屋一段时间。卢巴维奇拉比听说此事后，立即表示反对，请求这位母亲不要再这样做，因为父母永远不应恐吓孩子。拉比说，母亲要做的是让孩子在"放松、平静、喜悦和充满爱"的状态下运用自己的力量。拉比还说，施奈尔·扎尔曼拉比也提到过不能恐吓孩子的说法："父母不能吓唬婴儿……律法对人的嘴以及所有从嘴中说出的话都进行了规定，人需要特别注意自己的语言。"

"你是个好孩子，但是，如果不完成这件事，或不吃药，你就不能……我们就不让你……"这种威胁和条件约束的方式也是不可取的，会阻碍孩子的成长，不利于他们自己做出选择。威胁和条件约束看似给孩子提供了选择，但其实孩子根本没有选择的余地，只有做好了某件事，才能得到他们想要的东西。这根本不是教育，而是同训练动物形成某种条件反射没什么两样。

这种方式在教育上作用不大。威胁会强化孩子心中的被拒绝感或焦虑感，使这些消极情绪占据主导地位，不利于孩子克服这些消极情绪。

条件约束的问题在于，它让孩子无法因为一件事情本身很好而去做这件事，他做事情完全因为不得不做，或这样才能让他们得到某种好处。比如，如果他们不守时，我们就不带他们去公园玩，或如果不把房间整理好，就不能看动画片。通过这种方式，我们并没有真正让他们明白守时和保持房屋整洁的重要性，而是让他们的行为变得更加功利。当我们感到疲惫、虚弱或不相信自己可以通过交流让孩子明白某些道理时，我们更倾向于使用这种手段。

命令和习惯

总体上存在两种施加心理力量的方式：第一种是"影响和靠近"的方式，理智对情感施加影响，使其向某一事物靠近。我们运用理智来解释事情应该是怎样，从而让情感理解这一切。

另一种是"疏远"的方式，主要手段是命令和控制。其实，在孩子的教育上也同样存在"靠近"和"控制"这两种方式。

当我们想让孩子形成某种良好的行为习惯，我们经常会使用第二种方式，即"命令和控制"，而不是通过理智让他们靠近美好事物本

第四章　教育上必须避免的错误

身。我们也经常通过发号施令来培养孩子的习惯。诚然，习惯的确可分为良好习惯和不良习惯，但我们这种强行建立良好习惯的尝试在某种意义上是有问题的。在教育当中，孩子选择的余地越小，自主思考得越少，那么习惯的价值也越小。这种习惯很容易让孩子被他人控制，只是机械地做出行为，不再积极思考或做出选择。本质上，习惯和思想自由是对立的。此外，习惯有时还会让我们原地踏步，停滞不前，缺乏活力。长此以往，我们将无法享受到事情本身给我们带来的乐趣。

美国哲学家和教育家约翰·杜威指出："习惯的确定性可能意味着某种外在之物长期控制我们，而不是我们自由地控制它们。"习惯禁锢我们的思维，同理性分析和路径决策背道而驰，所以，最终不是我们控制习惯，而是习惯控制我们。习惯会"让我们失去灵活性和多样性……在童年时期，人们天性充满活力，热爱变化，追求刺激和新鲜事物，但人逐渐地变得'平庸'，反感变化，满足于过去的成就"。

很多时候，我们像军官要求士兵一样让孩子养成整理房间和完成作业的习惯。我们发出指令，期望他们立即执行。但问题是，这种方式并没有触及孩子的内心，所以无法调动他们的潜力，还可能引起他们的反感和排斥，他们会消极应付，敷衍了事。

不同于严厉的态度或愤怒的表达方式，第一种方式通过靠近来影响孩子。毕竟，父母不是长官，家庭也不是军队。一旦父母发号施令，他们就面临这种风险：孩子可能并不想放弃自己的独立性，因此每当父母试图强行控制他们时，他们就选择退缩和逃避。

迈蒙尼德认为，愤怒是"一种极为恶劣的品质，每个人都应当远离愤怒，即便是对于那些值得生气的事情，人们也要努力控制自己的情绪"。当父母向孩子提出的要求没有达到、命令没有被落实，父母要努力控制自己的情绪。为了做到这一点，父母应该思考如何通过"靠近"的方式让孩子行动起来。拉亚兹拉比在这个问题上写道：

指导孩子的行为需要我们用心付出……我们需要不断思考对他们说些什么，以及如何说……在必要时，我们要说一遍、十遍，甚至二十遍，并且每一遍都用不同的方式。我们的语言一定要清晰，情绪一定要克制，不能生气，也不要用长官命令下属的方式，仿佛遵守这些是天经地义的。这种说话方式只会引起孩子的逆反……有时最终会让问题变得更严重。

羞　辱

父母在任何时候和任何场合都不要瞧不起孩子，伤害他们的自尊，或用不尊重他们的方式说话，尤其是他们的朋友或兄弟在场时，这有损孩子的尊严，会让他们变得无法接受任何批评。在其他人面前批评孩子会让他们变得不自信、自闭或容易情绪失控，更没法听进这些道理。羞辱让孩子感到非常痛苦，以至于他们不再愿意接受任何改变和影响。

如果得到充分的尊重，孩子一般都不会反抗父母，父母的努力让他们心存感激，这将反映在他们的实际行动中。

强迫或禁止

由于孩子看重自己的独立性，一个重要的教育原则就是避免强迫孩子违背自己的意愿做事情。通过施加外力强迫孩子做某事对父母而言并不难，但父母面临的更重要的挑战是改变孩子的意愿。任何限制孩子

第四章　教育上必须避免的错误

行动自由、使孩子受他人控制的方法，都不利于教育目标的实现。在这个问题上，哪怕短时间的强迫行为也不可取，除非生命受到威胁而不得不这样做。教育就是让受教育者产生合理的愿望，并主动做出正确的决定。由于违背了这一原则，强迫一般无法带来理想的结果。

如前所述，独立性对孩子来说非常重要。不管处在什么年龄阶段的孩子，都不愿意我们把他们视为"小孩"，或认为他们什么也做不了。如果父母因为担心孩子年龄太小，或觉得他们无法把事情做好，因而禁止他们做某件事，这会伤害到孩子的自信心，孩子也可能变得特别依赖他人。

拉亚兹拉比曾告诫学生："每个人都应该给他人充分的行动自由，这样一来，他人才会有好的行为，并可期待拥有好的结果。"

争　吵

父母和孩子争吵，一般都不会有好结果。这种亲子间的斗争往往源于父母或孩子的期望。无论如何，父母都有责任避免或解决同孩子的冲突，不管是一次具体的冲突还是长期的冲突状态。当父母和孩子陷入争吵，总是在比谁能最后胜出，这就说明孩子并没做好接受父母的意见和建议的准备。比如，当父母要求孩子做家务，他们会直接拒绝，任何强迫、斥责或指责都无济于事。有时，孩子最后可能会极不情愿地完成父母交给他们的任务，但在心里，他们只会更加反感做家务。之所以如此，还是因为我们不能强迫孩子。我们应该激发他们的意志力和相应的责任感，而不是制造冲突。如果已经开始争吵，也决不应继续吵下去，而应该赶紧结束。

避免争吵并不是说父母在重要问题上可以不坚持原则。遇到这样的情况，父母一方面要立场坚定，但另一方面要保持对孩子的尊重和理解，最终化争吵为合作。

嘲　讽

批判或嘲讽的方式都无法说服孩子改变或纠正特定行为。这方面我们可以举一位30多岁的女士的例子。据她说，自己患有强迫性饮食失调症，因此体重严重超标。多年来她一直认为这是父母的责任。她父母从小禁止她吃甜食，声称这对她的危害很大，会导致她发胖。家里有客人来时她父母会买一些蛋糕和甜点用于招待，但客人走后父母会立即把这些东西藏起来，不让她看见。她现在还记得小时候自己和父母在甜食问题上的猫鼠大战，一有机会就放开吃。当她真的开始发胖后，父母会给她起一些难听的绰号，当然，他们是用开玩笑的口吻，这样做也是希望她能瘦下来。

经过更深入的反思后，她发现，让她受到伤害的并不是因为父母禁止她吃糖果这件事。父母当然可以限制孩子的饮食，鼓励孩子选择更健康更营养的饮食。甚至可以说，父母本来就应该这样做。最让她受伤的其实是父母对她的嘲讽和否定，这种嘲讽和否定可能来自父母的言语，也可能来自行为，比如为了不让女儿看到，他们自己会躲起来吃甜食。但不管怎样，这都让父母和女儿之间的距离变得越来越远。

虽然每个人最终要对自己的生命负责，但父母还是不应对孩子冷嘲热讽，或给孩子起贬低他们的绰号，即使是用一种亲近的口吻。孩子出现肥胖问题有时的确很让父母苦恼。但如果他们把孩子的肥胖视为中心问题，他们看到的不再是孩子的利益，而是那些多余的脂肪。用嘲讽或批判的方式评论孩子的身材并不能让他们的饮食变得更健康，只会让孩子觉得自己不够好，对自己的身体更不满意。当孩子觉得自己时刻被监视，他就会在父母看不到的地方偷偷地吃东西。父母对孩子的态度必须保持一致性。孩子有时并不觉得我们是在开玩笑，所以，我们传达给孩子的信息不应该相互矛盾，也不能让他们受到我们情绪的影响。父母的负面评价和批判并不能让孩子发生改变。可以说，如果孩子无法理解父母的意图，那么父母所有的愿望都无法在孩子身上实现。

在教育当中，不仅对孩子，我们对任何人都不应该用嘲讽的态度。嘲讽他人的不足是教育的大忌。嘲讽所表达的是他人的弱点和不足，而不是对他人价值的接受和肯定。价值教育不能建立在他人的弱点之上。当我们将嘲讽从教育语境中剔除，受教育者就不会在听到不同观点时感到自己受到威胁。如果我们将嘲讽视为合理的教育手段和交流方式，我们就会一直使用这种手段，使之成为一种常用的工具。在教育中使用嘲讽手段会影响师生关系，最终教育者也无法得到尊重和认可。更糟糕的是，如果孩子在某些方面总是受到教育者或父母的嘲讽，他们也会嘲讽身边的其他人和事。

欺骗和食言

除了否定和嘲讽孩子，欺骗通常也是一个不好的选择。当我们对孩子说过的谎言被揭穿，即便已经过去多年，孩子也不会再完全信任父母或其他教育者，这不利于孩子的学习和成长。

孩子本质上比成年人单纯，所以他们想到什么就说什么，不会心口不一。当他们看到其他的行为方式，很可能会误以为这才是自己应当运用的正确方式。

> "就说我不在家！"
>
> "如果司机问你几岁了，说你五岁。"
>
> "但我已经六岁了啊！"
>
> "没事的，就说五岁。"

在生活当中，不管是看似无关紧要的谎言，还是善意的谎言，都是不可取的。父母不能一边教孩子不要撒谎，一边自己又为了一些蝇头小利欺骗他人。如果这样做，父母的行为就同他们试图灌输给孩子的价值观相矛盾。孩子未来很可能不再相信那些价值，自己也会在某些场合撒谎。

我们在前面提到过无条件接受和爱孩子的教育原则，这一原则也是避免孩子撒谎的方法。人们之所以会撒谎，是为了避免那些负面的事情发生在自己身上，或不让真相影响到别人对自己的看法。当孩子知道我们全然地接受他们，不会因为某件事情评判他们，或改变对他们的看法，他们就不再需要对父母或其他人撒谎，也无须隐瞒任何事情。正如下文会具体论述的，一方面我们要不加评判地全然接受孩子，另一方面，我们要对孩子提出更高的要求，从而充分发挥他们的潜能。这两方面不但不矛盾，还相辅相成，前者能帮助孩子取得更大的成就。

在这个问题上，我们可以一起看看雷霍沃特的约兰·阿伯格尔拉比的例子。在他去世后，他的孩子回忆说，在他们小时候，父亲曾送给他们一个皮球作为礼物。孩子们很想知道皮球里到底装了什么，所以他们决定把皮球打开。当皮球被弄破，孩子们非常担心父亲的反应，因为父亲嘱咐过他们要好好爱惜它。他们回忆道："我们对父亲说，有一辆汽车开过来，球正好朝车的方向滚去，我们为了保住性命，只能眼睁睁看着球被压坏了。"父亲知道孩子们说的不是事实，但他并没有生气，也没有批评他们，而是心平气和地告诉他们没必要撒谎。"然后父亲和我们都笑了起来……我们一点也不觉得难堪。"孩子之所以不得不撒谎，是因为他们害怕大人无法接受事实，或对他们发脾气。但现在，父亲的笑容和让他们说实话的教导永远留在他们心中，成了美好的童年回忆。

父母不仅不能对孩子撒谎，还不能食言。在某种程度上，做出承诺而食言还不如根本不做出承诺。

对待年幼的孩子我们更不应食言。因为他们更在意父母的诺言，不会轻易妥协，当我们没有兑现承诺，他们很可能会失去对教育者的信任。

评判、贴标签、下结论

人的性格和品质是可以改变的，也应该不断改变。一个天生拘泥于细节的人可以选择拥有宏观视野，一个天生小气的人可以选择变得慷慨，一个天生没耐心的人可以选择拥有耐心，不再动不动发脾气。同样，拥有良好的性格和品质的人也可能出现不好的行为，比如变得喜欢对他人指手画脚或愤世嫉俗。

"你这个骗人的孩子！""你这个自私的孩子！""你这个只知道哭的孩子！""你这个爱干坏事的孩子！""你这个爱演戏的孩子！"如果父母给孩子贴上这样的标签，那么父母看孩子的眼光也会受到这些标签的影响，认为孩子无法改变。更糟糕的是，由于这些标签，孩子可能也不再相信自己能发生改变。如果想让孩子做出改变，我们必须避免这种武断定义孩子和贴标签的行为，而是应当相信，孩子所有不好的行为都有积极的原因，或是为了满足他们某种内在需求。

"我就这样，你们只能接受这样的我，还能怎么样？"如果孩子说出类似的话，他们也很难发生改变。父母的责任是确保孩子不会停留在这种消极情绪中。父母必须期待孩子发挥自己的潜能，不断改变和成长，并实现心智的成熟。

贴标签是人的本能反应之一，避免这种行为也是在同这种本能作斗争。其他动物也被自己的各种冲动和本能奴役。人要想发挥自己巨大的潜能，必须控制这些冲动，改变自己的自然性格。

扫除障碍

为了避免采取带来伤害的交流方式，父母必须扫除一些关键的障碍，这样他们的行为才会对孩子有益。为什么施压、斥责、威胁和说教没有作用？为什么永远不要使用这些手段，而应当用充满爱和温存的方式？前面的内容也简要提到过这其中的原因，下面我们对这些原因进行总结：

伤害

第一个原因在于，作为父母，不管我们想说的是什么，一旦我们用愤怒的方式说出来，这些话的内容就变得一文不值。

被严厉批评后，孩子们会萎靡不振，走向封闭，也不再尝试改变自己。的确，那些针对孩子性格的批评从来不能激励孩子发生改变，更无法产生长期效果。"你怎么总这样！""你永远不会改变！""瞧瞧你自己！听听从你嘴里说出的那些话！"在孩子面前用这种方式说话，我们实际上在定义他们，让他们在潜意识里认同自己外在的自私一面，同时让他们失去努力的愿望。

这些话让孩子感到自己有问题，自己似乎总在做出错误的决定。同时这些话在给孩子贴标签，而对他们而言，这些标签如同对他们的羞辱。即使孩子出现不好的行为，这种批评方式也无法让他们学会如何改正自己的行为。为了让孩子能够不断尝试和发展，他必须明白自己可以犯错误，不会每当做了什么让父母不满意的事情，就会被劈头盖脸地一顿指责和抱怨。如果不犯任何错误，人如何学习和成长？另一方面，如果犯了错误，即便是因为自己疏忽，孩子也要学会接受自己。孩子应该从错误中学习，而不是一遇到错误就选择逃避和退缩。

此外，正如我在下文会讨论的，相对于批评，爱、包容与"柔性的对话"更有利于孩子接受和采纳正确的教育原则。

有时父母会认为没有必要压抑自己，应当好好教训孩子一顿。但是，在父母使用这种错误方式的时候，他们就失去了自己的"头脑"功能，放弃了父母的角色。父母的目的是让孩子明白什么是好的行为，什么是不好的行为，但如果连他们自己都采用错误的方式，对孩子大声训斥，那么最终只会适得其反，只会让孩子缩手缩脚，变得更加不自信。如果父母经常在家里大声训斥孩子，那么久而久之孩子将适应这种环境，并形成一种抵制父母影响的机制。即使在一些非原则性的问题上，比如孩子打碎一个玻璃杯或把咖啡洒到衣服上，父母大声训斥孩子只会伤害孩子的自尊心，而并不能让他们将来在这些方面更加注意。

信任关系

另一个原因同孩子对父母或教育者的信任有关。当孩子在长大后看到教育者仍然坚持自己的原则，那么教育者对他的影响力也会变大，孩子对他们的认可也会不断加强。

这种认可非常重要，它决定了孩子是否能够继续接受父母的影响。父母和孩子之间相互信任的作用不可低估。卢巴维奇拉比认为，教育的"重中之重"是通过不断接近孩子，建立孩子和教育者之间的特殊信任关系，从而对孩子产生影响。

卡洛尼姆斯·卡尔曼·沙皮拉拉比认为，为了避免教育者和受教育者的疏远，教育者必须赢得受教育者的心，而喜悦是实现这一点的重要方式。如果教育者能时刻保持喜悦的心情和平静的内心，那么孩子也会受到积极的影响，"孩子就不会在悲伤的情绪中挣扎"。

卡洛尼姆斯·卡尔曼·沙皮拉拉比写道：

老师不能是一个过于严肃或喜欢争辩的人。这并不是说他可以在学生面前非常随意，或不在乎自己的尊严。相反，他必须努力成为一个高尚的人，同时又非常平易近人……

当父母采用愤怒、责备和叫喊式的教育风格，那他们就改变了亲子关系的性质，破坏了之前同孩子建立的信任。相反，当孩子看到父母或教育者之所以态度非常坚决，是出于他们对自己立场和观点的信心，而不是因为情绪失控，那孩子只会更加认可这种立场和态度。

此外，当受教育者可以明白，父母设定的严格的规矩和明晰的边界并不是因为生气或为了控制孩子，而是源于对孩子的爱和为他们的深

第四章　教育上必须避免的错误

谋远虑，他们也会更坚定地相信这些事情都是为了他们好。

氛围

当我们和家人一起旅行，然后作为一名旁观者的角色去观察自己的家庭，我们能接受这个家庭中充满说教、指责和批评吗？

不管是唤醒某种积极情绪，克服某种困难，或寻找生命的意义，我们都需要理性观察，形成正确的生命观，并对我们的思想进行引导。但仅做到这些是不够的。卢巴维奇拉比指出，"人的生命取决于其周围的'空气'"。有的空气"长期存在让人感染疾病的风险"，让人变得越来越低俗。还有的空气如同山顶的空气那样纯净，能够帮助人保持头脑的清醒和心灵的健康。所以"第一个治疗原则就是净化空气"，远离那些传播疾病、空话、谣言、恶语的空气，寻找那些充满喜悦的空气，那种传播着包容、责任、爱的空气。

理解

不管对孩子还是对大人而言，改变自己的性格特点和不良品质都是一个极其艰难的过程。当父母反观自己，看看自己改变某种不良品质有多么艰辛，他们对孩子也会更加理解和包容。父母在孩子教育问题上方法不当，或急于求成，只能暴露他自己性格修养的不足。

拉亚兹拉比写道："每个人都知道，打破心中的恶念，改变不良品质，是多么艰巨的任务。因为每个人都知道这是心灵深处的问题，人只不过在外人面前掩饰这些问题的存在，不希望他人知道罢了。每个人都知道自己内心有不可告人的秘密。这本质上是一种欺骗、愤怒、嫉妒、冷漠和自私。人什么都想得到。只有当人花费很长的时间，付出艰辛的努力，才会最终打破这些不良品质，带来美好的品质。"

在观察孩子以及他们经历的困难和痛苦时，父母一定要充分地理解和接受孩子，并设身处地地想象，改变这些不良品质和冲动是一个多么困难的过程。

根除问题

当我们明确知道训斥、嘲讽、欺骗、恐吓和让孩子感到自责不但没有用，还会带来伤害，那么，在关键时刻我们就不再会感到困惑，也不会再采用这些行为方式。也就是说，正确地理解这些行为本身就是我们避免选择它们的有效工具。

如果我们不能使用以上手段，那我们还能不能使用批评、讲道理或某些惩罚的方式呢？有没有必要将这些方式融入对孩子的教育当中？

在理想状况下，对待任何年龄阶段的受教育者，我们都要有意识地避免采用令人难受的说教、争执或冲突式的教育方式。在效果上，和蔼的方式永远比严厉的方式要好。

可以说，哈西德主义的教育方法反对任何形式的辱骂和说教，因为提升一个人品质的关键是让他看到自己品质得以提升的结果。我们要在精神上鼓励他，增强他对自己内在力量的信心。所以，哈西德教育理念主张尽量减少对孩子的批评，即便是孩子的行为必须得到批评或惩罚，我们也应该把握好批评的语气，保持对孩子的理解和同情。

我们可以再次通过一个医学上的比喻来更好地理解哈西德教育方法中对批评和说教的排斥。卢巴维奇拉比说，在医学上主要存在两种疗法。第一种疗法以"苦药"为基础，根据这种疗法，医生诊断病人的病情，然后给他开出能治疗这种疾病的处方。

但与此同时还存在以"甜药"为基础的疗法。这种疗法需发现一个人的力量所在，然后强化这种力量，使其最终能够战胜身体的疾病，达到与"苦药"相比一样甚至更好的效果。比如，当人体的关节出现问

第四章　教育上必须避免的错误

题，与其一味治疗关节，我们不如强化关节周围的肌肉，减少运动对关节造成的损害。由于教育理论是关于心灵的医学，或者说关于心灵的科学，所以这两种方法对于教育同样适用。

拉比认为，说教的教育方法相当于医学中基于"苦药"的疗法，这种方法强调找到和识别不良品质和性格特点，并将其纠正。而哈西德教育方法关注的是心灵的高度和价值，以及所有能够提升和激发心灵的因素。这种教育方法不依靠说教实现外在的改变，而是通过激励孩子自我发现来实现内在的改变。这种方法不依靠恐吓来让孩子看似达到更高的高度，而是让光进入并照亮他们仍位于低处的心灵。

这两种教育方式最大的差异在于，说教方式尝试纠正某一具体问题，并一厢情愿地认为问题不会再次出现；哈西德教育方法则是从根源上解决问题，受教育者不会留下任何关于之前不良行为的印象，也不会再犯同样的错误。

"甜药"方法的价值不仅体现在结果上，也体现在教育过程或治疗过程中。采用这种方式，父母和孩子的注意力不再集中于缺点和不足上，而是集中在孩子和父母喜悦和美好的一面。这种方式不是在逃避现实，而是在主动选择一种看待现实和孩子潜力的独特视角。

卢巴维奇拉比解释道："基于伦理道德的理论一般要求人审视自己的不足，并改正这些不足，但是，就算我们成功改正了这些不足（能做到这一点当然很好），大家有没有思考过我们是如何度过这段时光的？在这期间，我们的所见所思都是负面的事物。而哈西德理论倡导人们观察和思考的……是人从平庸走向崇高。就算在这一过程中我们没能得出合理的结论，没能实际修复那些问题，但是，我们又是如何度过这段时光的？……我们一直在观察和思考美好而崇高的事物，我们善待了自己的生命！"

如前文所述，人的内心每时每刻都存在斗争。当我们在每一刻都努力发现孩子的美好品质，并让这些品质体现在孩子的行动上时，他们内心中不好的一面就失去了生存的空间，孩子的心灵因此能够迅速得到提升。

批评的责任

有时，孩子的不良行为仅仅是为了吸引大人的注意力，这时，父母应该忽略这些不良行为本身，用另一种方式关注孩子。父母将关注点放在孩子的不良行为上，只会让问题变得更为严重。比如，有时小孩感到饥饿的时候会很不听话，对周围的人很没礼貌。我们让孩子吃些东西后问题就迎刃而解了，没什么好责备他们的。

但与此同时，当然也存在一些父母必须站出来教育孩子的情况。在这些情况下，父母应该指出孩子错误的行为，坚决不接受或容忍孩子越过红线的行为。当孩子表现得特别无礼时，父母有责任用明确而坚定的语气告诉孩子这一行为不可接受，不能继续这样下去。孩子的行为在性质上越恶劣，父母的态度也应更严厉。

父母在关键时刻不反对孩子，并不是包容的表现，这种沉默会被孩子解读为一种默许，于是他们会继续这种有问题的行为。此外，如果在这种时候不反对孩子，父母相当于在向其他的孩子传递同样的信息，即这种行为是被允许的，是可以接受的。为了避免这种误导，父母有责任提出强烈反对，要求孩子以后不再做出同样的行为。

纪律和设置边界是教育成功的基础。我们要尽早防范孩子的不良行为。当发现某种异常行为或可能导致不良后果的行为，即使这些行为还不至于带来实质性伤害，父母也有责任立即表达坚定的立场，避免这些行为朝着不好的方向继续发展。比如，一旦孩子表现出不尊重父母的迹象，父母就必须使用自己的权威立即制止这样的行为。当然，在这一过程中，我们不要忘记迈蒙尼德就父母使用权威问题给出的忠告，不管在什么情况下我们的行为都不能出于愤怒，表现出强烈的攻击性，甚至羞辱孩子。父母在这种情况下做出迅速反应至关重要，只有这样才能避免形势的恶化。卢巴维奇拉比曾提到过一则哲理故事，这则故事说一个人不可能刚一迷路就来到森林深处。刚开始，他的注意力分散，稍微偏离路线，然后越走越偏。所以，越早发现自己偏离正确的道路，就越容易重新走回来。原文中说：

一个人不可能瞬间从都城迷失到遥远的森林当中……这需要一个过程，一开始，他走出了城市，然后，他像风中的毛发一样偏离主路，然后不知不觉越偏越远，从大路走到小路，从小路走到羊肠小道，最后发现自己来到荒无人烟的地方，周围到处可能有野兽，每一步都充满危险。

拉比还告诉我们，人的本性就是如此，"如果从一开始就知道绝不能做某事，他们就不会在这件事情上争辩了"。当孩子知道自己绝对不能对父母或他人以某种方式说话或做出某种行为，他们就不会越过这条边界。

应当尽早让孩子无条件地遵守某些原则，等孩子大了再纠正他们错误的行为模式，事情会变得困难得多。这不仅体现在消极方面，也体现在积极方面。孩子的任何一个进步，或行为的纠正，不管在多么小的地方，如果得到父母的肯定和赞赏，都会在孩子成年后给他们带来更多收获。

教育的基本任务不仅在于改变孩子后天形成的习惯，还在于改变他们先天的不足。当孩子拥有不正常或不良的性格特点，父母有责任教育孩子，帮助他们改变这些性格特点，哪怕孩子声称这是自己不可改变的天性，认为这些行为不会产生消极后果，或表示自己会承担所有后果。总之，人生来不同，但每个人都可以做出选择，改变自身的不良倾向。

尽管任何时候我们都可以改变自己身上的不良倾向，每个人都可以实现自我提升，但是，父母和教育者在孩子小的时候就应当坚定地开展这项工作。

对批评的检验

贤哲喜欢用"向学生洒胆汁"的文章来描述当学生疏于学业或对老师无礼时应当如何教他们懂得尊重，心存敬畏。

哈西德教育理念并不认为这篇文章旨在呼吁老师威慑学生，从而促进他们的学习。在希伯来语当中，"胆汁"一词的词根来自"苦味"一词，在这里指的其实是批评。但是，只有当批评能够扫除阻挡心灵发展的阻碍时，老师才能批评学生。

每当准备批评孩子时，教育者都要问自己，批评是否有利于帮助孩子清除阻挡其良好品质和内在完整性的障碍。

即使不得不使用批评的方式，批评也必须是出自爱。以赛亚·霍洛维茨拉比说，当我们要批评他人，千万不要嘲笑他人或直接指出他人的不足，因为这样的批评只会让受教育者憎恨教育者，并不能让他们听进去。

卡洛尼姆斯·卡尔曼·沙皮拉拉比进一步对这个问题进行了阐述。他认为我们在批评孩子时千万不要贬低他们，而应该说"他们有多么聪明，然后再质疑他们为什么会这样做。只有通过表扬，他们才能听得进去批评"。也就是说，我们应该告诉孩子，像他们这么优秀的孩子不应该有这样的行为，而不能直接批评他们。

总之，我们只有在极少的情况下才能批评孩子，而且在批评的时候，我们针对的不是孩子的本质，而是他们自私或不好的方面。孩子所犯的错误和孩子没有任何内在联系，只是孩子的外在表现。所以，父母一定要注意批评的方式和内容。

批评孩子最为关键的不是否定孩子，而是拉近和孩子之间的距离。《塔木德》中说："左手总是用于拒绝，右手总是用于靠近。"而正确的教育方式应该"左手"和"右手"相结合，刚柔兼济。也就是说，即使在批评孩子的时候，父母也不应大声叫喊，拳脚相加，或瞧不起孩子，而应该保持平静，和孩子单独谈心，使用的语言也应该尽可能平和。父母的立场必须坚定，但说话一定要有艺术。毕竟，父母的目的并不是让孩子难堪，而是让他们成长。过激的表达和争吵的姿态只会带来相反的结果。

父母并不是为了批评而批评，而是为了能让孩子在行动上做出真正的改变。没有任何目的性地批评孩子更是不可取的。《圣经》中说"不忍用杖打儿子的，是恨恶他"，这种惩罚也是为了纠正某一个具体的问题，不是为了惩罚而惩罚。但一般情况下不建议采用惩罚的方式来纠正孩子的不良性格特点。

有时父母因为孩子的某种行为而剥夺对他的某种奖励，"因为你这样做了，所以你无法得到……"当采用这种惩罚方式，父母不再是父母，而成了法官。当然，有时我们不得不这样，但一定要慎重考虑，不要滥用这种方法。因为批评本身并不是一种驱动力，只是在某些情况下揭开孩子内心的遮挡物、弥补孩子外在不足的手段。

我们已经讨论了父母的责任以及父母应该避免的反应和行为模式。然而，在亲子关系当中，孩子的角色又是什么？孩子的情绪状态完全取决于父母吗？下一章我们将讨论孩子的责任，以及父母应当如何帮助孩子主动承担起自己的责任。

第五章

孩子的选择和责任

我真的很爱我的家庭。我爱我的父母和我的兄弟。但有时他们什么也没做错，我还是会骂他们。我觉得自己是个坏人。我一直就这样，我心中对他们有很多不好的想法，我也不知道为什么会这样……因为我感到糟糕透了，也很害怕……（哭泣中）……请帮帮我，我这种状态已经持续好几周了，我不能再这样下去！

——来自一个16岁男孩的自白和求救

教育主要是父母的责任。没有父母的帮助，孩子很难改变自己。孩子做出改变，发现自我和潜能，变得更加高尚，在很大程度上取决于父母的言传身教，但这一切的最终目的还是让孩子认识到自己每一刻都有能力和责任来选择自己的情绪。

卡洛尼姆斯·卡尔曼·沙皮拉拉比在写给青年的文章中强调，孩子应尽早明白自己才是最重要的教育者。"这是他自己的责任，也符合人自私的本性，他要利用本来存在的独立意识去管理和教育自己。"不管处在什么年龄，如果孩子习惯了把自己的问题归咎于父母，他们就很难发生改变。这又是一个选择的问题，选择非常重要，因为当孩子主动做出选择时，他们就承担起自己生命的责任。父母应当在孩子小的时候就培养他们自己做选择的能力，并让他们相信自己拥有这种能力。很多时候，人们之所以不做选择，是因为什么都不想错过，殊不知，如果不做选择，人会失去更多，因为最终现实会代替他做选择。即使一个孩子做出错误的选择，那么在做选择的那一刻，他也在控制自己的情绪，而不是被情绪所控制。何况，即便犯了错误，孩子还可以纠正错误，重新进行选择。如果孩子把自己的问题都归咎于父母、老师或朋友，他们就很难提高自己处理问题的能力。"人的一个天性在于，当有人可依，他就会忘记自己，一心依靠他人。"如果孩子明白要对自己的情绪负责，他们就会"努力而不懈怠"。

卡洛尼姆斯·卡尔曼·沙皮拉比要求他的学生重视自我努力的价值，没有这种努力，他们无法修正自己人格上的缺陷。"如果不努力，人就像在坟墓里腐烂的尸体一样，什么也做不了……三天打鱼两天晒网的努力也不行，人必须持续努力。"

孩子具体应当如何承担这种责任？哪些事情是孩子需要做的？对不同年龄的孩子是否有不同的要求？如果父母没能履行父母义务，孩子该怎么办？孩子应当如何看待那些心中只有自己、没有孩子的自私的父母？

激发意愿，做出选择，并接受自己的选择

之前章节我们已经说过，我们无法把自己的意愿强加给孩子。要激发孩子的意愿，我们首先需要转移责任并创造认同感。孩子要对自己的幸福负责，如果我们剥夺了这一责任，他们就不会再付出应有的努力。父母的责任是鼓励孩子做出选择，加强同孩子的交流，说服他们主动去接受和完成自己的各项任务，比如写作业和整理房间。

意愿源于完成任务能够让孩子获得某种愉悦感，父母需要帮助和引导他们获得这种愉悦感。而这种愉悦感通常来自完成任务的成就感和

发挥自己能力的满足感。

要想让孩子承担起自己的责任，他们必须要意识到自己面对的各种任务不是父母交给他们的，而是他们自己本应完成的。这种责任的转移能让孩子更加认同这些任务，增强他们完成任务的动力，不再认为这些任务是外界强加给他们的负担。比如，当孩子意识到写作业不是父母强加给他们的任务，而是自己应该做的事情，他们就会自觉地完成作业，甚至，如果他们察觉到自己有所进步，或在写作业过程中发现了自己的潜能，还会非常享受写作业的过程。同样，当孩子意识到要对自己的房间负责，打扫和整理房间并不是父母的责任，不能随便应付，那么他们就会主动地完成这项任务。

除了责任的转移，父母还需要保持孩子的兴趣，并在需要的时候给予孩子帮助。父母不能光对孩子发号施令，还要观察孩子完成这些任务的进展，并随时做好准备在孩子需要的时候提供帮助。比如，年龄很小的孩子在写作业时，或年龄稍大一些的孩子需要独自出门做某件事时，父母一定要让孩子明白，父母相信他们有能力完成这项任务，同时，父母就在他们身旁，随时会在他们需要时提供帮助。所有年龄段的孩子都希望父母既信任他们，同时又是他们坚强的后盾。

不管处在什么年龄阶段，孩子一旦明白自己有选择的能力，勇敢地做出选择，并接受选择带来的后果，那么这个孩子就承担起了自己生命的责任。比如，一个孩子在年幼时，在诸多糖果中选择了一颗糖，并且不管好不好吃，他都不再要求换一个味道，那么在长大后，他也能够接受和坚持自己在学习上做出的选择。

选择本身就包含对结果的接受。选择的难度在于它在一定程度上会限制人所拥有的可能性，所以，为了保留所有的可能性，人们会倾向于不选择任何一种可能性。但我们要让孩子明白，不做选择在某种意义上也是一种选择，而且，这种对自己生命不负责的方式大多数情况下都不是好的选择。

为了让孩子相信选择的力量和重要性，父母在同孩子交流的过程中一定要强化孩子对选择原则的理解，让孩子去选择自己穿什么，选择自己的行为方式，更重要的是让他选择自己的情绪，是保持快乐还是沉浸在负面情绪当中。如果不做选择，那么人的默认设置就是被各种情绪所控制，尤其是负面情绪。

孩子在每一刻都面临选择，父母有必要鼓励孩子主动去分析这些选择，并敦促他们接受自己的选择所带来的后果。为了做到这一点，父母要避免对孩子说："如果你之前那样选择的话，你就……"或"你自己看看吧，如果你没做出这个错误的选择，你就不会承受这么大的损失！"

父母在同孩子交流的过程中不应该强调孩子在选择中错过的东西，而应该强调孩子的选择带来的好处，并对孩子做出这一选择时的考虑表示理解。当我们能够理解孩子、他们的情感状态以及对问题的考虑，我们就是在帮助他们接受自我。此外，我们还应该让他们分析自己在感到脆弱、生气或绝望时所做的选择，以及这些选择带来的不良结果。为了鼓励他们自己做决策，我们还可以让他们分析其他人的选择，设身处地去想一想自己在相同处境下会怎么做。不管孩子多大年龄，我们都可以问他们："你认为他应该做出怎样的选择？"或问他们："主人公为什么这么悲伤？""什么能让他开心起来？""可以如何切换看待问题的视角，从而让主人公不那么难过？"在现实生活中，当事情没有按照孩子所预想的那样发展，他们也会感到难过。这时，我们要向他们解释期望和情绪之间的关系，要让他们知道，他要对自己的情绪负责，选择情绪的权利就在自己手中。

1962年，一位年轻女士写信请教卢巴维奇拉比，她在信中详细介绍了自己的生活和学习情况，在最后她总结说，现在的教学方式和课程内容越来越令人失望，这让她觉得自己在虚度年华。

在回信中，拉比并不认为这位女士的心理状态有多么特殊。人们总是为自己的悲伤和空虚寻找各种外部理由。只有通过自己的主动选择才能从这种悲伤中走出来：

"你在信中所说的事情并没有多么罕见，由于某些原因，最近几年这一现象在年轻人当中特别普遍，其实，年轻人历来如此，现在也不例外……不管人处在何种境遇当中，都拥有选择的权利，都可做出最好的选择。正如贤者所说：试图改善自我的人会得到帮助。

人在心灵深处都是好的，当一个人在行动上开始改善自我，其心灵会得到来自上帝和内在自我的帮助，有时这种帮助之大会超出人的想象。但人最初在行动上的尝试是最重要的，需要不断尝试。"

拉比在信中指出人必须在逆境中觉醒并做出选择，采取实际行动。不管孩子处在什么年龄阶段，都要培养他们主动选择的意识，让孩子对自己的情绪负责。如果没有这种意识，孩子很难提升自己。只要做出选择，采取行动，人就能发生改变，事情就能有转机，即使看似所有的心灵道路都被封堵，没有出路。

培养孩子选择的能力，关键在于鼓励孩子认识自己，了解自己的心灵结构，并看到父母和教育者的教育对自己处境的改善作用。让孩子能够有意识地做出选择，并接受其带来的结果，最好的方式是和孩子一起学习的讨论心灵结构和应对不良情绪的方法。父母在这方面的学习体会显然可以分享给孩子。在孩子小的时候，父母可以和孩子一起学习人的期望是如何导致悲伤的，以及被伤害的感觉是如何转化成愤怒的。随着孩子年龄的增长，我们可以和他们讲解本书中一些更深奥的见解，比如我们对事情的理解和观点与情绪之间的关系。

当下的生活

孩子们的选择和个人责任是基于父母对教育本质和生活理念的整体看法。作为父母，我们的教育方式受到这种看法的影响，我们每一种行为背后也都有这种看法的影子，不管其表现得是否明显。

犹太心灵理论认为，理想的生活就是当下的生活，而不在未来的某一时刻。生命不是对未来的某种准备。我们应该运用这种观点鼓励孩子在尽可能年幼的时候就对自己的生命负起责任。

艾丁·斯坦苏尔茨拉比认为，犹太人提倡的教育观和其他大多数教育观都不同，因为犹太人对理想生活的理解比较特殊。在他看来，大体上存在两种教育倾向，这相当于一根轴的两端，一端是不管孩子是否感兴趣，只教孩子进入社会后所需的技能，这种教育路线是为了让孩子尽快成熟，成为一个独立自主的成人。另一端是给孩子最大限度的自由，尽可能延长他们无忧无虑的童年时光。

几乎所有的教育观都位于这根轴上的某个位置。斯坦苏尔茨拉比认为，虽然这些教育观之间存在差异，但都有一个共同点："这些教育观都认为成人的生活才是真正的生活，孩子的生活不算生活，或者说只能算生活的前奏。"也就是说，位于端点位置的两种教育方法都同意真正的生活是从人进入成年算起，两者的分歧在于训练孩子的具体方式。第一种方式主张不要在乎孩子的意愿，尽早为成年时期做准备。而第二种方式主张满足孩子的一切愿望,认为孩子还没有达到人生的理想状态,应该给他们充分的时间在不真实的环境下成长,直到他们完全做好准备进入真正的生活。

这两种教育观之下都隐藏着对"真实生活"的预设,即成年人的生活。成年人才能最大限度发挥自己的潜能,童年不过是为这种生活做准备的阶段。"根据这种教育观,所有的愿望、追求和幸福等概念针对的都是成人阶段……"

斯坦苏尔茨拉比认为,根据这种观点,"老年人"的生活也算不上生活,不过是生命的终结。"经过漫长岁月,老年人已经失去了他成年时期所拥有的力量和可能性,人们认为他们已经被生活抛弃,或者说,一旦进入老年,就没有生活可言,不过是在消极地等待死亡的到来。"

这样一来,生命的第一个阶段只是序曲,生命的最后一个阶段只是尾声,成年本身不过是中间那短短的一段。这样一来,人一生大多数时间要么在翘首以待,要么在蓦然回首。斯坦苏尔茨拉比认为这种观点很难给人带来幸福感。童年时期人们在期待未来,盼望着拿到驾照,盼望着上大学,盼望着能够自由地安排自己的生活,于是始终无法享受当下的生活。

正确的生命观应当是这样的:成年阶段并没有比其他阶段更好。每一个生命阶段都有不同的幸福源泉。生命的过程不是一条抛物线,在成年时扬起到最高处,然后就开始下降。犹太人认为,生命最理想的状态是人能够充分体验生命全过程,青少年时期不是为将来做准备,因而浪费当下美好的时光;在老年时也没必要为逝去的时光感到惋惜,而是始终接受生命本来的面貌。不去梦想遥远的幸福,不过分地憧憬未来或怀念过去,而是享受当下的幸福和快乐,享受属于自己的真实生活。总之，人要活在当下。

斯坦苏尔茨拉比的生命观背后的逻辑是，如果我们承认生命具有完整性，那么生命的每一个组成部分的地位都是平等的，不管是成年时期还是童年时期；如果我们的生活存在问题，那么在每一个时期都需要进行修正，而且越早开始越好。

由于生活并不以某个时期为中心，所以前面提到的两种教育观就站不住脚了，"不管是让孩子为所谓的真正生活做准备的教育方式，还是将孩子同这种生活相隔离的教育方式"。可以说，如果活着的意义是发现出生和死亡之间每一个生命阶段的美好，那么孩子要做的事情就不是逃避生活或不断为下一个阶段做准备，而是在任何年龄都承担起自己生命的责任，而要做到这一点，孩子需要父母的持续引导。与大人一样，孩子也需要修复自己和修复世界，"即使不同年龄的责任存在一定差异"。

为什么要尊重父母?

在一定程度上，犹太人之所以鼓励孩子接受和感恩父母的养育，也是为了培养孩子的独立选择能力。

孩子能够同父母主动交流，愿意努力改正自己的脾气，不去反抗父母，听从而不是拒绝父母的教导，这一切很重要的一个前提是他们尊重父母。父母做出了成为父母的决定，把孩子带到这个世界。也就是说，之所以要尊重父母，是因为人的出生离不开父母，而且这是父母的主动选择。

尊重在本质上是给予空间。在情绪状态上，追求尊重和给予尊重截然不同。追求尊重意味着控制和占据空间。在这种状态下，人将自己置于中心位置，只有大家都在谈论他时，或他获得尊重时，人自私的一面才能得到满足。但这种尊重具有欺骗性，对我们的心理健康不利。当一个人追求获得尊重，他的注意力都放在自己身上，因此他很容易因他人对自己的态度不好而受到伤害。因此，贤哲强调："嫉妒、欲望和尊严让人远离世界。"

不同于追求尊重，给予尊重意味着一个人将空间留给周围的环境和人，比如父母。这种心理能够让孩子从狭隘的自我中走出来，不再产生各种不良情绪。

当父母毫无私心地塑造孩子正确的生命观，孩子不应该憎恨、反对或反驳父母。相反，孩子要感谢父母帮助他们远离错误、弯路和可能导致不良情绪的观念。当然，这一切的前提是父母没有隐藏任何自私动机，一切都是为了孩子好。

不好的父母

如果父母没有发挥"头脑"和理智的功能，没能有效引导孩子的情绪，该怎么办？如果父母的行为并没有从孩子的利益出发，而是带有私欲，该怎么办？如果孩子觉得父母在伤害他们，不尊重他们，为他们提供的支持也不够，孩子又应该怎么做？

可能有的人会感到出乎意料，但尊重父母的戒律并不以父母尽职尽责为前提。在迈蒙尼德看来，哪怕父母很糟糕，无法给他们提供任何指导，甚至还伤害孩子，孩子也应尊重他们：

尊重父母应该尊重到什么程度？他们把孩子的一袋金币扔到大

第五章　孩子的选择和责任

海，孩子也不能埋怨父母，对父母大叫，或生他们气，而是应该遵守神圣的戒律，保持沉默。

　　敬畏父母应该敬畏到什么程度？孩子穿着漂亮的衣服站在众人面前，父亲或母亲过来把衣服撕破，打孩子的头，朝他脸上吐口水，孩子也不能埋怨父母，而应该保持沉默。

　　以色列·本·以利撒拉比的继承者多夫·贝尔拉比对于尊重父母提出过一种很独特的分析方式。他认为，在某种意义上，这一戒律并不是伦理道德上的要求，而是个人修养的问题。也就是说，就算父母根本没有履行自己的责任，孩子也要尊重父母，因为这条戒律并不是为了父母，而是为了孩子自己。父母可以放弃自己的尊严，但孩子必须尊重他们。通过尊重他人，孩子将注意力从自己身上转移开，不再沉浸在受害者心态当中，总是说"这是我应得的"，或将自己的责任推到父母身上。

　　尊重父母的戒律是为了帮助孩子形成自己观察和思考世界的方式。尊重父母和考虑父母，源于孩子需要"头脑"的指导。孩子的职责是承认并满足自己这一需求。即便是成年人也需要父母，如果父母已不在人世，对父母的回忆也至关重要，因为只有当回忆起父母对他们的爱和接受，他们才会更好地接受自己。

　　实际上，我们可以看到，如果孩子不能腾出心理空间全然接受父母，不承担起自己的生命责任，他们很难决定自己的情绪状态，还可能总觉得父母伤害了他们或没有发现他们的需求。他们甚至可能对父母充满埋怨和愤怒，有时这种埋怨和愤怒的情绪还可能针对其他家庭成员，因为他们觉得其他人从父母那得到的比自己更多。

　　比如，一个人的父母在他小时候离婚，他从小就看到父母之间争吵。在父母闹离婚期间，父亲总在他面前谴责母亲，而且说的都是一些和孩子没有任何关系的事情。不管这些谴责有没有道理，等他长大后，他也总觉得母亲不好，于是他对母亲说话也不礼貌，甚至经常像父亲当年那样数落母亲。在这种状态下，母亲不管做什么事情他都看不顺眼。这位母亲不应该接受儿子这种行为方式，而应该表达自己的意见。这位年轻人要想走出困境，必须承担起自己的责任，全然地接受母亲，恢复母亲在他生命中应有的地位。否则，他最终会在情感上付出沉重的代价。

孩子既要遵守尊重父母的戒律，也需要拥有正确的看待生命的方式。孩子之所以要尊重父母，是因为父母扮演着孩子生命中不可或缺的角色，但是，当父母的教育方式对孩子不利，孩子有权也有必要不接受父母错误的建议，独立寻找一条适合自己的道路。

同意接受

亲子关系中很难做到的一点是让孩子和父母敞开心扉交流。犹太哲学家和教育家伊曼努尔·列维纳斯说："思想只有在两个人的交流中才能变得清晰，而不是局限于去发现已经存在于一个人（教育者）头脑中的内容。"

所有的交流都是互动的产物，而不是单向的灌输。就像父母也会受到外部环境各种噪音的影响一样，孩子不可能只受到父母的影响。他们还会受到课内外活动、朋友、社交网络等因素影响。在一个媒体渗透到社会各个方面的时代，学生不可能只有单一的信息源。在这一背景下，为了保持父母对孩子的有效影响，亲子双方都要积极交流，完成各自的任务。

第五章　孩子的选择和责任

由于孩子容易受到品质和情绪的支配，他们应该设法腾出内在空间，接受理智的影响。最理想的状况是，在父母教育孩子的同时，孩子能够接受父母的权威。他们相信父母能对他们产生积极的影响，引导他们朝正确的方向发展，但与此同时他们还知道，实现自身的改变最终是自己的责任。

卡洛尼姆斯·卡尔曼·沙皮拉拉比列举过青少年出现教育问题的几个原因。在他看来，其中一个主要原因是"年轻人过早地认为自己已经是成人"，放弃了父母的"理智"和"头脑"的指导角色，不再认为父母能帮助他们控制和引导自己的情绪。

"这种错误主要出现在那些自认为在思想和意愿上已经成熟和独立的年轻人身上，但殊不知，他们的思想是颠倒的，他们的意愿是不成熟和苦涩的。"

卡洛尼姆斯·卡尔曼·沙皮拉拉比认为，这些年轻人的错误在于他们认为自己已经成熟。在这种错误思想的指导下，首先出现的问题就是他们不再接受成年人的权威和指导。"他们心中会产生一种对老师和父母的抵抗心理，甚至是仇恨，以至于他们听不进老师和父母的任何话，更无法吸收这些知识，而是一心想着如何摆脱他们的控制。"

当孩子不再认为自己是孩子，也不再认为父母可以影响他们，由此带来的另一个问题是，他们的品质无法得到充分发展，他们对世界的理解也不够深刻，对自己到底想追求什么也不清楚。这些拒绝接受父母影响的孩子相当于戴着一副不够清晰甚至扭曲事实的眼镜去观察这个世界，因此他们会为一些不正确的事情而感到激动，对一些品德不好的人崇拜得五体投地。孩子之所以是孩子，说明他还缺少某些东西，意味着他的自然品质过于明显，需要外部力量帮助他们控制和塑造这些不良品质。孩子过早认为自己已经成熟,过早确定自己想要的是什么,恰恰说明他们还不愿承认自己的不足。

靠近孩子的世界

在教育上如何提高孩子的参与度?如何建立父母和孩子之间的合作关系?

伊芙·肖布一家的经历给我们提供了一个很有意思的例子。伊芙·肖布决定整整一年全家人都不吃糖。一年后,《一年无糖生活》一书出版。这本书描述了父母和两个女儿为期一年的经历。

在这期间,他们放弃吃蔗糖、糖果和零食,甚至还将添加有糖的沙拉酱、蛋黄酱、面包从食谱中去掉。为了让自己吃的食品中不含糖分,每次去超市他们都会仔细查看每一件商品的成分表。

作为挑战的一部分,他们也不再吃包装食品、果汁和人工甜味剂,并学会了如何在家烹饪。当然,他们也没有完全放弃吃糖,每一位家庭成员都可以选取一款含少量糖分的特殊食品。

这两位父母的目的是说服孩子自愿加入这一行动,而不是强迫他们这样做。两个女儿刚听到这个消息时都不太情愿,但慢慢地她们把这视为自己的挑战。为了让孩子全程参与,父母仅向她们解释一般意义上健康饮食的好处是不够的,还要解释为什么这样做对她们个人有利,从而调动她们的积极性。通过和女儿聊天,并分享自己的体会,大女儿开始写日记,她逐渐意识到这件事情对她的重要性,虽然很多天她都感到非常艰难。最终,接受挑战的过程以及全家合作的体验改变了她对同龄人以及其他家庭饮食习惯的看法。

第五章　孩子的选择和责任

这一家人的"一年无糖生活"之所以受到许多人关注，主要在于这两位父母说服孩子加入这一挑战、并成为合作者的方式。让孩子和父母建立良好沟通方式的方法之一就是让孩子理解理智对情感的影响模式。孩子有时看似能够分辨好坏，但仍然不去选择好的东西，原因在于他们对好坏的区别理解得还不够深刻。父母需要加深他们在这方面的理解，让他们体会到好的事物具有哪些特点，以及如何直接给他们的生活带来好的变化。也就是说，要想让孩子产生强烈意愿，做出正确的行动，不能仅让孩子知道这件事是好的，还要让他们知道这件事情给他们个人带来的好处，否则孩子不会产生持续的动力和正确的情绪。

之所以如此，是因为理智和情感的关系不能停留于人的理性能够正常发挥作用，还要建立理智和情感间的紧密联系，让理智能够切实影响情感。为了修正我们的品质，单纯运用自己的理智去理解事情是不够的，单纯的理解所需的努力远远比不上内化这种理解并用其引导情绪所需的努力。

对于大多数人而言，理解一件事物最多是一个人从自我存在中走出来，去单纯地理解事物本身。所以，理解一件事物对人并不会产生太大的影响，更无法改变人的性格。为了让理智影响情感，仅仅通过理智去理解一件事情的积极性，显然是不够的，我们还要让理智之光照亮内心。

哈西德教育理念是这样总结的，一切努力都是让"头脑的理性力量持续作用于性格品质"。

基于这种观点，父母的责任就是保持对孩子的持续影响。如果作为"头脑"的父母同作为"情感"的孩子失去连接点，父母就无法对孩子产生实质的影响。父母可能是某个领域的天才，或拥有很高的道德品质，但是他在情感上仍然对外界处于麻木和闭塞状态。

让我们回到对饮食问题的讨论。其实，再小的孩子都知道吃含糖量太高的糖果不健康。但作为父母，我们的目的不是让孩子明白糖果和含糖食品不好，而是让他们明白健康饮食的好处，其如何改善他们的感受和身体机能，以及毫无节制的饮食习惯会给他们的身体造成哪些伤害。这样孩子才能真正理解健康饮食的好处，并将这种理解融入自己的生活当中，从而打破之前的麻木和闭塞状态。这时孩子不仅能认识到这些好处，还能积极追求这些好处。

当我们禁止孩子做某事，孩子并不需要有太多思考，因为他们并不一定要理解为什么这件事情被禁止，只要不去做就行了。但如果我们想提高孩子的主动性，让孩子同父母主动沟通，他们必须知道每一个行为带来的好处和影响，否则他们始终会缺少动力。

智慧的力量

卢巴维奇拉比把理想的父母教育比喻为漏斗。漏斗上部是一个很大很宽的容器，下部的管状物能将液体倒入更小的容器中。一个从上往下越变越细的漏斗就像一个"喉峡"。在哈西德主义的语言中，"喉峡"是脑和心的连接处，其作用主要是控制理智的强度，确保我们大脑所理解的东西能够顺利进入我们的内心，对我们的感受施加影响。如果父母是理智，孩子是情感，那么只有同孩子的生命和世界密切相关的东西才能通过这个狭窄部分。如果不能同人的生命产生某种关联，所有思想见解、逻辑推理和解释都无法通过"喉峡"。在个人层面，如果理智不能根据品质的价值进行自我调整，它就无法同这个人的生命产生联系。在父母教育上，如果父母所关注的事情同孩子毫不相关，那他们就无法影响孩子的情绪。要想影响和引导孩子的情感，父母的思想不能天马行空，必须聚焦在孩子及其所处的现实，不管孩子处在哪个年龄阶段。

还有一种观念认为，聪明的人要控制自己的智慧，是为了把自己的思想用更通俗的语言表达出来，只有这样，听者才能理解他，并受到他的影响。否则，他的话在学生看来完全是虚无缥缈，如同雾里看花，无法理解，听过后甚至比以前感到更困惑。因此，为了让学生能够理解，智者要通过寓言、故事和举例的形式来简化自己的思想。从这个意义上看，寓言的作用就是控制智者理智的强度。

为了让人们更好地理解思想和情绪之间的关系，施奈尔·扎尔曼拉比还打了另一个比方。他说人的"脑"和"心"之间有一扇门，其作用类似于水坝，能够阻挡水的流动。这扇门的目的是确保我们的情绪之河不会泛滥。我们有时需要微微打开这扇门，保持一定的水流，让情绪处于可控状态，这样，我们既对生活充满激情，又不至于过于放纵。当门被完全关上，"就没有新水流入"，理智也就无法对情感施加任何影响，父母也无法对孩子产生影响。在这种情况下，人们要迅速找到打开这扇门的钥匙，即通往情感世界的钥匙。这把钥匙代表我们心灵中智慧的力量，只有通过这一力量，我们才能产生正确的情绪，我们的内心才能保持正常的状态，孩子才能受到父母的影响。

智慧的力量来自我们的心灵，是改变情绪、保持心理健康的关键。智慧的力量能够连接我们的"脑"和"心"，并让人同其他事物产生连接。"如果缺少智慧的力量，我们当然可以通过大脑理解事物，但这种理解缺少对事物和他人的情感。这种理解难以激发人产生行动，也无法让思考者和被思考的事物产生实质的连接。"智慧的力量能让人通过意愿和理智影响自己的情绪。

父母能从中得到的启发是，只有使用通往情感世界的钥匙，他们才有能力影响孩子。他们所有的行为都不会迷失方向。但是，父母一定要确保自己的影响和行动能够通过那条狭窄的通道，从而进入更小的容器，也就是孩子的内心。

"人是田野间的树。"《圣经》中记录，摩西在最后的讲话中把人比作树。对这一比喻的一种解释是，孩子就像柔弱的树苗，未来可能长成能够结满果实的大树。园丁的职责是给树苗除草、除虫、浇水和施肥。但是，树的长大最终取决于"孩子自己的意愿和努力"。也就是说，父母的职责是帮助孩子以正确的方式成长，为他们提供各种条件，并不断鼓励他们，但成长的过程本身最终必须让孩子自己去经历，孩子必须承担起自己的责任。同样，我们必须让孩子学会做出选择，并选择成为一个快乐的人。

到目前为止，我们讨论了犹太心灵理论对教育的定义，父母在教育中的职责，什么是父母无论如何都要避免在教育上的错误，以及我们需要敦促孩子承担哪些责任。在接下来的几章中，我们将指出什么是孩子拥有正常情绪状态的障碍，并提出了扫除这些障碍的一系列见解和方式。

第六章

识别和诊断

理论家会依照脾气、心智和品质来给儿童分类。负责实际操作的老师则主要把孩子分成"不麻烦的"和"麻烦的"两类:平凡的、不需要怎么照顾的孩子,还有特殊的、需要花很多时间照顾的孩子。

——雅努什·科扎克

父母要让孩子看到自己内在的完整性,但这并不意味着父母不用再去深入认识孩子并了解孩子的情绪状态。孩子在心灵上是完整的,但有时他们的力量并不能正确或充分地体现出来。为了应对这一挑战,我们也可以像科扎克一样一分为二地看待问题:一方面,我们要尝试认识孩子内在的本质,从而清楚地发现哪些是孩子身上值得强化的潜在品质,哪些是他们与生俱来、需要应对的不良品质;另一方面,我们要认识孩子当下的状况,他们的行为和感受的方式是怎样的?他们感到烦恼或开心的事情是什么?他们是否发现了自己的潜力?不好的自然品质在他们身上有多顽固?哪些是他们后天出现并融入性格当中的良好和不良品质?

在对受教育者的情况进行评估时一定要注意方式,不能过于明显,否则会伤害孩子,或影响他们在自己心中的形象。尽管这件事情要非常小心,但绝不能省去。教育原则的运用一定要考虑到每个孩子特殊的心理结构。为了说明识别孩子心理状况的重要性,拉亚兹拉比将"精神疾病"和"身体疾病"的医治方法进行了类比。需要提醒大家的是，这里的精神疾病不同于现代心理学家对心理疾病的普遍定义。在犹太心灵理论中，"疾病"是指人们内心出现负面情绪或倾向，且这种情绪和倾向无法反映人内在的完整性。

当人不幸出现身体上的疾病，首先要发现病因，然后，除了给他们开一些常规的药，以恢复受损器官，还要知道用什么具体的药能治愈疾病，以及如何使用这些药。更重要的是，病人必须严格遵守医嘱，并保持健康的饮食……治疗精神疾病的方法和治疗身体如出一辙，首先必须发现疾病及导致疾病的原因。疾病来源于这个人本身还是来自他的周围环境？如果是环境，那么是来自家庭还是朋友？然后，除了给他开一些常规的药，以恢复其受损器官，还要知道用什么具体的药能治愈疾病，以及如何使用这些药。更重要的是，病人必须严格遵守医嘱……

在拉亚兹拉比看来，治疗精神疾病所使用的方法就是哈西德著作中介绍的犹太心灵理论，这种方法所使用的药就是本书所介绍的模式。这种医疗方法并不会从一开始就着手治病，而是认识到个体情绪的重要性。父母首先要思考在孩子身上存在哪些问题，以及哪些问题需要格外关注，从而使对孩子内在本质和现状的观察变为教育过程和父母职责的重要组成部分。

要纠正的特性

施奈尔·扎尔曼拉比的孙子梅赫纳姆·门德尔·施内尔森拉比写道："哈西德主义的目的和人的自然属性相反。"哈西德理论的主要任务可分为两部分: 一是发现人身上有问题的品质, 并帮助他纠正这些品质; 二是向人揭示自己的自我和内在本质, 并让其得到充分体现。这两个任务必须同时进行。需指出的是, 修复自然属性并非改变一个孩子, 而是通过战胜那些影响他的情绪因素来帮助他真正成为自己。

我们怎么知道哪些是需要修复的品质? 当情况、标准和时间发生变化, 正确的品质难道不会转化为需要修复的品质吗? 我们对一个人性格的评估难道不会受到主观因素和客观环境的影响吗? 英国哲学家伯特兰·罗素也承认这其中的难度, 他写道:

有的品质只有出现在少数人身上才是优秀的品质, 还有的品质应该被所有的人拥有。我们需要艺术家, 但我们也需要科学家。我们需要头脑清晰的经理, 但我们也需要农民、磨坊工人和面包师。有的品质能让一些人在某个方面取得伟大的成就, 但这些品质并不适合每一个人。

罗素讨论的是人的品质和才华。如果将心理健康和精神喜悦视为判断情感状态的标准, 那么我们当然可以明确哪些品质是可取的, 哪些品质不可取并可能给人带来情绪问题。

如前文所述, 人在心灵上和在内在本质上是完整的。人与人的区别主要在于其心灵力量是否得到充分展现。人最初的天性是将自己放在中心位置, 这种前文提到过的自私倾向在每个人身上的体现情况都不同。

每个人都拥有所有的品质, 只是其中某种品质发展得更为突出。每个人都具有占据统治地位的一种品质或一组特点相似的品质, 或这些品质开始并不明显, 但逐渐占据统治地位, 并可能带来不良的影响: 有的人会变得懒惰，有的人会暴饮暴食，有的人长期悲伤，有的人暴怒，有的人焦虑，有的人傲慢，有的人善妒，还有的人铺张浪费。

"每个人身上都存在他必须发现和削弱的自然品质。"肖洛姆·多夫伯尔·施内尔森拉比如是说。在犹太心灵理论中，人们普遍认为他的观点非常深刻。

迈蒙尼德列举了一些心灵当中有问题的品质：

每个孩子都有不同的天性，而且人与人之间的差异极大。有的人的性情火爆，总是生气，还有的人性情平和，从不生气，就算生气，也是许多年才发一次小脾气；有的人非常高傲，还有的人非常谦虚；有的人追求享受，从不满足，还有的人清心寡欲，对身体最基本的需求也不在乎。

有的人是如此贪婪，以至于全世界的钱都无法满足他，还有的人非常克制自己的欲望，哪怕不够，他也知足，不会尝试满足自己所有的欲望。

有的人宁可挨饿也舍不得吃自己囤积的食物，而有的人挥金如土。其他倾向也是如此，都可对立存在，比如乐观和悲观、吝啬和大方、残忍和仁慈、胆小和勇敢等。

不良情绪的力量

很大程度上，可以说，自然品质是人生苦闷的源头。不管是对孩子还是成人而言，这些品质都让人难以快乐，还会制造许多问题，影响到一个人同配偶、父母、孩子、其他家人、朋友、客户和同事的关系。

如果一个刚学会走路的孩子从不同别人分享自己的东西，那么他未来可能拥有强烈的占有欲。如果一个孩子总是觊觎别人所拥有的东西，这在未来可能会伤害到他同配偶的关系，不利于他从事商业活动，妨碍他与他人建立正常的社交关系。一个孩子不愿妥协，在成年后也会使用各种理由来证明自己行为的合理性。之所以会出现以上情况，是因为这些不良品质在他们身上施加了巨大力量，并试图控制他们，而他们难以应对这种力量。

如果一个孩子喜欢生闷气，或总是难过，父母应该让孩子尽早发现这些倾向，并向孩子提供应对这一倾向的一切手段。如果他认识不到这些倾向，不愿意解决这一问题，那么这种倾向会在孩子成年后造成更大的伤害，解决这一问题的难度也会变得更大。

根据这些描述，我们可以发现，只有了解了一个人各种或好或坏的品质和性格特点，我们才能真正理解他所经历的一切。现实生活中发生的事情既可以强化这些倾向，也可用于帮助他们克服这些倾向。

在人拥有的诸多品质中，一般总会有一种品质会对人施加决定性力量，并表现在他的思想当中。假如一个人总是生气，那么愤怒就会对他施加巨大的力量，以至于在生气时他的理智不足以战胜或控制这种心理倾向。理智的作用在于拓展人的视角。当人用更宽广的视角来看待现实，他也许就会看到他人所经历的痛苦和困难，或看到自身存在或在特定场合表现出来的优秀品质。然而，当人愤怒的时候，所有对愤怒者所说的话只会让他更加愤怒。即便一个年轻人很聪明，知道自己不良行为和语言所带来的后果，但当他被愤怒或嫉妒的情绪控制时，他也会将自己的理智放到一边。在这种情况下，理智处于弱势地位，难以应对不良情绪。而负面品质拥有的力量则过于强大，完全不受理智力量的控制。这种力量还会让人的思想、语言和行为同理性分析的结果截然相反，甚至还会为自己的不良情绪寻找理由。

第六章 识别和诊断

处于支配地位的品质不能容忍其他品质的存在，因此不给其他品质存在的空间。当这种品质的力量变得过于强大，则无法包容其他具有平衡作用的品质，而是试图完全控制这个人的心灵。如果一个人具有强烈的慷慨和给予的倾向，且这种品质表现得过于强势，这个人的行为会失去边界，完全无法接受其他具有平衡作用的品质。最终，当他付出得太多，他又会感到非常沮丧和苦闷，总觉得别人没有看到他的付出。当这种品质以不合理的方式在人的心灵中发挥作用时，他给予的行为是出于不正确的动机。他一心希望被他人赏识，被社会认可，或渴望获得付出后的满足感。而一旦他们没有得到赏识或认可，这些期望会对他们的心灵产生巨大的威胁。相反，如果一个人占统治地位的品质是减少和限制同他人的接触，那他就可能走向另一个极端。他的心灵不会因为付出和同情他人而感到痛苦，但他可能会在每件事情上都追求绝对的公正，每当遇到不公，他就会受到伤害。

削弱品质的过程就是弱化那些不良品质，减弱其力量，使其能够和其他品质和谐共存。

需要指出的是，在哈西德经典中几乎从不使用"平衡"这一概念来形容理想的情绪状态，而是使用 "融合"这一概念。"平衡"用于形容每一种情感都得到一定程度表达。人可以通过克制和压抑一些品质来获得平衡的状态。而"融合"则是形容内心中每一种情绪力量中都融入了其他多种情绪力量，或者说包含多种其他情绪。比如，愤怒情绪当中也可能融入爱和尊重，正义感当中可能也融入同情。

为什么融合的概念比平衡更好？因为通过整合各种复杂而微妙的品质，发现不同品质相互作用而产生的生命力，融合更能体现生命真实的美。

在迈蒙尼德看来，品质的融合能帮助我们获得智慧。犹太哲学中的中人之道，即避免走上两个极端的道路选择，也要求人们弱化那些对人施加巨大力量、让人走极端的品质，并降低这些品质的重要性：

不管什么品质，走向极端都不是正确的道路。人们不应该走这样的道路，也不要让自己接受这样的道路。如果自己天性上有走极端的倾向，或被这种道路所吸引，或已经走上了其中一条，人们要向好的方向回归，回到好的道路上，好的道路是直路。

直路意味着人在每一种品质上都坚持中人之道，和两个极端保持同样的距离，不向任何一个方向偏移。所以早期贤哲要求人的品质始终在中间的道路上，不断评估和引导自己的品质走向中间的道路，这样他才安全。每一个人，只要他的品质符合中人之道，他就是一个智者。

发现不良品质的重要性

每个人都要了解自己的情绪，父母也不例外。根据以色列·本·以利撒拉比的观点，不管人在什么时间和地点，都要思考自己内心表现出来的品质，要仔细观察自己的言论和思想中所体现的品质。

在一个人坐下来学习时，甚至在闲聊时，他都要思考自己所说的话是源于是爱、敬畏、同情、仁慈、感恩还是战胜他人或同他人沟通的欲望，或是被某种占统治地位的品质所控制。

如果不去留意这些品质的体现方式，父母就无法知道孩子内心中

第六章　识别和诊断

发生了什么，也无法掌握自己内心发生了什么。留意思想、语言和行为背后的情绪，发现和引导其中的负面情绪，有助于避免负面情绪的出现和爆发。

卢巴维奇拉比强调，为了修复有问题的情绪状态和性格特点，父母绝不能忽视这些细节。有时，为了缓和家庭气氛或周围环境的气氛，我们会尝试粉饰某些情绪问题，但这只会掩盖真实情况，减弱我们修复问题的动力。此外，在被掩盖后，问题只会继续恶化。不良品质会继续对人施加影响，变得更加根深蒂固，对人造成的伤害也越来越大。所以，拉比警告人们不要找各种借口和理论来证明事情会自动得以改善，或证明某些负面品质本身具有某种价值。

一个内心懦弱甚至无法勇敢面对自己的人，经常会为自己不合理的行为寻找各种理由。但正如贤哲在文章中说过的，一个问题会引出另一个问题，于是他又得向自己和他人提出新的借口和理由，以保持自己的尊严，掩饰自己的软弱。他用对自己的爱来遮蔽这些错误的行为。这种爱让他无视现实，偏离理性，不断自我辩护，证明自己的行为不代表失败，而是一种进步……

尽早发现这些有问题的性格特点有助于我们帮助孩子应对并解决这些问题。不仅如此，发现这些问题还能给我们省去很多痛苦和时间。埃克斯坦拉比写道："人生苦短，我们必须尽可能地让生命变得更长，更丰富。"当我们受到某种情绪的影响，那几小时、几天或几周的时间就荒废掉了，在那段时间，世间万物都无法打动我们，因为我们的内心完全被负面情绪占据，"情绪控制了我们以及我们的感受力，以至于我们没有心理空间接受任何其他事物。"

在这个问题上,值得强调的是,那些拥有优秀品质和过人才华的孩子反而更容易受到负面情绪的影响。为何如此?

拉亚兹拉比解释说,知道自己存在某种缺陷的人就像一个病人知道自己需要治病,所以他会想办法治病。而那些根本不知道自己得病、更不知道自己得了什么病的人,容易被自己外在的状态所迷惑,认为自己既健康又聪明,"因此他的情况会更加糟糕"。

如何发现占据支配地位的性格特征?

发现孩子性格问题的一个方法是从孩子的视角去审视他们做出的反应,并观察影响和限制他们的因素。在这个过程中很重要一个问题是我们需要分辨孩子对事情做出的反应同事情本身相符还是源于某种不良品质。那些源于占支配地位不良品质的反应往往比较明显,外部原因无法充分解释孩子情绪上的变化,不过是加剧其情绪变化的催化剂。比如有的孩子会无缘无故地感到害怕和恐惧,有的孩子会为一些没有意义的小事而大发脾气,还有的孩子对一些大多数人都很感兴趣的事情表现得非常冷淡,完全没有行动的欲望。我们需要反复从孩子的视角去观察这一切,从而发现需要应对的品质,或在一系列可能存在问题的品质中,识别出问题最突出、表现最频繁的品质。

当发现了存在问题的品质之后,我们不要急于和孩子沟通,更不要直接指出他们的问题,或将这个问题告诉那些可能会因说话不慎从而伤害到孩子的人,而应该运用那些能够帮助孩子应对这种品质的教育原则。对于具有慵懒倾向的孩子,我们有必要制订一个让他们积极行动的计划；对于不愿意同他人分享自己东西的孩子，我们要鼓励他们分享和付出，让他们明白这种行为对自己和环境的价值和贡献；对于缺乏自信的孩子，我们要强化他们的自信；对于动不动就发脾气的孩子，我们要尝试一些能够教会孩子战胜和避免愤怒的工具和方法，绝不能让孩子养成发脾气的习惯；对于有自闭倾向的孩子，我们要向他们解释交流的重要性，并让他们明白，如果不去主动沟通，外界很难同情和支持他们。也就是说，所有本书提出的教育原则都要同具体情况相结合，才能切实帮助孩子应对各自的不良品质。

本章从一开始就提出识别孩子不良品质的重要性，但同时，我们也要发现他们优秀的品质和性格特征。我们不要认为优秀品质是理所当然的，而应该通过表扬、鼓励和欣赏的方式强化这些品质。在这方面，下文介绍的原则可以帮助我们针对孩子制订更具体的计划，从而鼓励孩子强化这些品质，使其成为孩子自信和成长的动力。

发现品质的难处

在强调了发现孩子品质的重要性之后，我们有必要强调，在发现过程中也存在一些困难和值得注意的地方。由于父母和孩子的关系较近，父母有时很难客观地审视自己的孩子，因此难以发现问题。有的父母总觉得自己的孩子是完美的，有的父母则认为自己的孩子一无是处，难以客观地评价孩子。

犹太心灵理论经常说，敌人分为两种，一种是我们知道的敌人，另一种是"披着爱的外衣"的敌人。在教育问题上，第一种敌人相当于非常明显的不良品质，我们当然知道需要应对这些不良品质。第二种敌人则代表着那些看上去毫无伤害，甚至似乎对人有帮助的品质。后者的危害更大，因为它让人自我欺骗，走上歧途。

比如，有的孩子非常坚持原则，对挑衅他的人非常强硬，他这种性格很可能会得到父母的认可和赞许。但是，父母一定要小心这种倾向在他身上可能发展为不分情况的强硬态度。决心和求胜欲本是积极品质，但如果因此无法包容其他品质的存在，就可能走向极端，让人长期处于冲突状态，无法接受和自己对立的观点或比较特殊的现象。同样，一个孩子如果什么书都读，父母可能会感到很欣慰。但如果父母不加以控制和引导，这样的阅读方式很可能会对孩子的心理造成伤害。因为他的心智还不够成熟，无法正确地理解他在书中读到的各种内容。

发现不良品质之所以很难，还可能源于父母和孩子之间的关系太近，以至于有时父母无法在关键时刻发现这些问题，或他们因为过于兴奋或情绪失控而做出不当反应，从而导致孩子听不进他们所说的话，这样父母也就无法识别孩子的问题。还有的时候，孩子完全不同父母交流，也不在他们面前表现出任何情绪问题，但由于问题并没有得到解决，所以以后迟早会显现出来。

总之，由于发现孩子品质上的问题是一个艰难的过程，父母要尽一切可能去留意孩子表现出来的情绪，并在任何情况下都保持谨慎态度，不要夸大孩子身上的某些品质。

先天品质和后天品质

需要指出的一点是，每个人既有天生处于支配地位的品质，也有后天习得的品质。这两类品质都会在一个人内心生根发芽，直到成为他的一部分。迈蒙尼德从观念的角度对这个问题进行了阐释，认为观念在很大程度上决定了成人和孩子心中的品质：

> 在人所有的观念当中，有的是与生俱来的，与他的天性一致；有的是他的天性更倾向于接受的，因此很快成为他观念体系的一部分；还有的并非与生俱来，而是从他人那学来的，或他心中起了这样的念头，或听说这个观念很好，于是朝这个方向发展，直到这种观念在他心中固化。

后天品质取决于父母、环境和孩子自己，相比之下，人一出生就存在于性格中的品质更难修复。人必须修复与生俱来占支配地位的性格缺陷。如果他完全忽视这一问题，那么他身上的良好品质也可能朝着不好的方向发展。

一个整体状态比较好的人，我们也可以在他身上找到嫉妒的品质。但是，这种品质就像处于休眠状态。只要这种品质没有因某一事件的刺激或人过于疏忽而得到发展，这个人终其一生都不会受到这种不良品质的折磨。所以，对于这个人而言，他需要纠正的自然品质并不是嫉妒。他主要需要纠正的可能是生气和愤怒的性格倾向。但如果他不去积极修复这一缺陷，那么他这一生不仅会饱受愤怒品质的折磨，还可能受到嫉妒的困扰。只是相对于修复自己发脾气的先天品质，修复自己嫉妒的倾向会更容易一些。

施奈尔·扎尔曼拉比认为，人的自然心灵中出现的两类问题都需要纠正。有的人天生具有"男子气概"，比如容易发怒，总是"热血沸腾"。"还有的人天性并不暴躁，但不好的一面在于他们不断追求欲望的满足"。对于天性暴躁的人而言，其最大的挑战不是控制自己的欲望，而是控制自己的脾气。他能够轻松地修复自己身上追求欲望的倾向，比如，他能很快改正暴饮暴食的习惯。但对于另一个人而言，情况可能是控制脾气容易，控制欲望难。

现在我们已经明确了为什么犹太心灵理论认为教育的中心工作之一是发现不良品质，应对这种品质或这种品质的某个方面，并思考修复这一品质所需采用的行动方案。可以说，在孩子年幼时就采取行动，其价值远大于在孩子出现了某些不良情绪后再去解决。人生在世的重要目的就是修复自身最显著的不良品质，这也是为什么发现这种品质如此重要，这是每个人要为之奋斗终生的事情。犹太心灵理论的主要作用就是帮助人们应对这种品质。人在成长过程中可能会出现其他需要应对和克服的不良品质，但这些相对容易，并非最核心和最艰巨的任务。

由于这是人终其一生的任务，因此我们也能理解，为什么修复不良品质应当采用"循序渐进"的方式。尝试一夜之间修复这些性格缺点的人根本没有理解这项任务的艰巨性，也不会取得好的结果。拉亚兹拉比说：

教育的果实不会一夜之间长出，所有尝试根除受教育者先天的不良品质都需付出巨大的努力和充足的时间，培养受教育者的优秀品质也是如此。

为了表明人修复自我的工作对整个世界的意义，施奈尔·扎尔曼拉比说：每个人都是一个小世界，所有发生在这个世界中的事情都会通过人的品质体现出来。为什么说世界运行的基础和力量在于人？施奈尔·扎尔曼拉比的回答是，因为整个世界都取决于人能否修复这些基础，包括悲伤、懒惰、骄傲和玩世不恭等缺陷。通过修复自己，人再修复整个世界。

挑战：光和容器

　　为了加深大家对本章思想的理解，我们可以通过卡巴拉经典中的两个基本概念从另一个视角来解释这个问题。这两个概念分别是光和容器。二者构成的概念体系能够让我们更加直观地分析内心各种力量之间的关系。大体上说，光主要指心灵当中寻找表达途径的力量，容器则是指容纳光、让其得以体现的空间。

　　回到我们之前讨论的问题：从一个角度，我们可以将理智的力量视为光，而各种品质和情绪则是被理智之光照亮的容器；从另一个角度，我们也可以把品质视为光，将品质的表现途径，即思想、语言和行为，视为容器。

　　光和容器之间的关系存在两种极端状态，分别是混乱状态和修复状态。

　　在混乱状态下，光和容器互不匹配。这可能是由于品质是需要修复的不良品质，这些品质无法成为容纳理智之光的理想容器。当我们把品质视为光，那么这种不匹配可能是由于光过于强烈，体现方式不够合理。

　　对于一个婴儿而言，由于他的理性还未得以发展，所以只有品质之光，没有容器可言。他无法用正常的语言表达自己的思想，也无法控制自己的品质。当他没有得到自己想要的东西，就会放声大哭，不管他人怎么劝也没用，因为他根本无法理解这些话。当这个孩子长大一些，有了自己的思想以后，他就能明白，某些他想得到的东西会对自己或环境产生不良影响，他对这件东西的情感也会随之发生变化。在混乱状态下，品质之光以其原本的形式肆意照射，理性无法控制其强度和体现方式。在混乱状态下的品质无法接受其他品质的存在，更不会同其他品质融合。如果一种品质能够接受对立的情绪，并给其存在空间，那就说明这种品质的强度被减弱，也说明人的情感状态得到了提升。但在混乱状态下，任何品质都做不到这一点，也不愿受到理智的影响。所以，一个过度悲伤的人，旁人如何鼓励都无济于事，一个焦虑的人也会拒绝接受他人的安抚。

当一种品质在孩子身上以混乱的形式得以呈现，那么我们可以很明显发现一点，这种品质不会让孩子靠近周围的环境，而是让二者越来越疏远。这个孩子眼中看不到他人，只看得到自己。他们可能会抵制或伤害他人，或变得特别不自信。

在修复状态下，存在足够的容器来容纳光。如果将理智视为光，这种光能够引导人的品质；如果将品质视为光，那么这种光就被容器承载和限制，用于表达情绪的言语和思想都是合理的。在修复状态下，自然品质并没有发生变化，只是被限制，并同其他品质融合，因此这种光不会给人造成情绪上的伤害。

在修复状态下，不同的品质完美地融合在一起。在人身上存在给予、爱、仁慈的品质，也存在减少付出和限制接触的品质。当这些品质成功地融合到一起，我们就能避免某一种品质或情绪获得过于强大的力量，并挤占其他品质的空间。当不同品质在人内心融合，他的行为也是基于不同品质的共同作用，他能够根据不同的情况来调节不同品质的占比，这时，他不再受天性的支配，而是通过自我提升战胜了天性。如果人的行为基于天性，那么在每一个时刻，人只有一种性格特点得到体现。

第六章　识别和诊断

修复状态能够帮助我们更好地理解品质这个术语。在希伯来语中，这个词的词根表达的是"测量"的意思，之所以如此，并不是说有人会来测量我们以及我们的情绪，而是说，我们要测量自己和他人情绪的强度和方向。正确的和被修复的情绪往往是温和的，也就是说，如果将其视为容器，它是一个宽广而温和的容器，能够容纳理智之光；如果将其视为光，这种光同其照射的容器是匹配的，不会过于强烈。温和的品质就是优秀品质，能够让不同情绪相互融合，避免某种情绪控制我们的心灵。相反，未经修复和有害的情绪，比如愤怒、紧张和悲伤，就如同用强光照射人，品质之光和容器互不匹配，使人被某种情绪控制。在这种情况下，人真实的意愿被否定，人的情绪也会表现得非常极端，不受限制。

混乱和修复描述的正是光和容器之间的关系。理想的情况当然是光和容器相互匹配。发现品质的过程就是为了研究两者匹配的程度，并找到不匹配的原因。当光和容器严重不匹配，会发生"容器破碎"的现象，即由于光过于强烈，容器因此破碎，使光失去合理表达自己的场所。这时，本应在容器中的光会以不和谐的方式照射其他地方。这样的例子很多，正确的观念无法影响情绪就属于这种情况。比如，一个孩子明白自己应该避开某种事物，或知道某种事物会给他带来不好的感受，但由于在他内心情绪不受正确观念的影响，他仍然会追求这一事物。比如，一个孩子能够看到或感受到自己受到某种事物的负面影响，但由于他情绪不稳定，所以将自己封闭起来，或选择不将这件事说出来。又比如，一个孩子感到非常焦虑，而且无法控制自己脑中的想法。还比如，一个孩子从学校回到家，由于别人对他的态度而感到非常沮丧，有可能是因为同学们嘲笑了他所说的话，或老师批评了他。这时，我们很难通过说服他对事情形成新的看法，由于他当时情绪过于强烈，觉得自己受到巨大的伤害，所以根本无法接受其他观点。所有的劝说只会强化他的立场，让他陷得越来越深，和周围环境的距离越来越远。

在以上情况中，孩子的情绪就处于严重的混乱状况，理智无法削弱品质之光的影响。而当一个人的心智足够成熟，他不会因为事不如意而陷入悲伤或大发雷霆。他知道如何用更宽广的视角去看待自己的生命，去唤醒内心其他情绪，而不是陷入悲伤，或感到全世界都在同他作对。

与此同时，我们千万不要忘记，每一种负面倾向和行为当中都包含积极的力量，通过这种力量，我们完全可以让内在情绪和外在行为朝好的方向改变。比如，一个孩子可能非常固执，我们可以引导他为某个积极目标不懈努力。如果一个孩子爱发脾气，我们可以将这种暴躁的性格替换为他在其他事情上的激情和干劲。为了发现这种积极的力量源泉，父母一定要弄清楚是什么让孩子感到失望，他期待的是什么，为什么会生气，是什么导致他情绪爆发或憎恨他人。只有当我们理解了这些原因，才能知道孩子到底缺失些什么，并帮助孩子弥补这些缺失。

所以，卡巴拉主义经典著作的一个重要观点就是，品质之光过于强烈会带来"混乱状态"，而人的任务正是修复这种状态。每个孩子，不管看上去多么冷漠和自闭，最终他们都希望我们能发现他们负面情绪和不良行为背后的积极力量，都希望自己能从混乱状态进入修复状态。我们发现他们未修复的不良情绪，目的就是为了修复这些情绪。理解了这一点有助于父母避免因自己之前的错误决策而感到自责，或不再相信孩子能够发生改变。

第六章　识别和诊断

情绪的引擎作用

品质的作用是为人提供动力，让他不断靠近现实，积极作为。当人处在"混乱"中，由于光和容器不匹配，他就无法做到这一点。在修复状态下，由于光和容器相互匹配，情绪能够推动人积极同他人互动，精力充沛地工作，取得丰硕的成果。所以，光和容器的正确结合至关重要，是人行动力量的源泉。拉亚兹拉比解释道：

世界的混乱大多是因为光太多，容器太小。修复就是减少光，增大容器。所有的努力都是为了让混乱的光进入修复的容器当中。所有好的品质都具有付诸实践的力量，光不在多，关键在于能够转化为好的行为。

我们还可以通过我们更熟悉的电能传导现象来理解光和容器的关系。电相当于"光"，电线相当于"容器"。电也需要与之匹配的电线才能实现传导。当电流稳定时，我们的各种家电才能正常运转。当两者不匹配，就可能出现短路的现象，甚至还存在人被电击和电线起火的风险。这时，电不但不能给人带来任何好处，还会造成难以估量的损失。

当然，也可能出现相反的情况，那就是电线中电流太弱，所有电器都无法正常工作。这相当于存在容器，但光不够强，人缺少做事的情绪和活力。这种情况下孩子可能表现为不自信，缺少主动性，没有想法，激情不足，他什么事情都能做，但做什么事都无精打采。

在这种情况下，"人最重要的任务就是保持容器中的光"，去发

现能够激发孩子活力的积极情绪。当心灵中的光和容器不匹配时，情绪
不再是一种积极力量，也无法让孩子保持主动和快乐的状态。这也是为
什么我们一定要尽早发现这种不匹配状态及其原因，并找到让光和容器
相互匹配的方法。

发现阶段的任务就是让父母意识到孩子身上需要加强的优秀品质
和需要应对的不良品质。拉亚兹拉比如是说：

一个人只看到自己的优秀品质，看不到自己的不良品质，是一种
自我欺骗。同样，一个人只看到自己不良品质，看不到自己优秀品质，
也是一种自我欺骗。治愈的方法分为两个方面，第一是减少不良品质，
第二是强化优秀品质，这两种工作都需认真对待。

接下来的章节中会提出许多见解和建议，其中包括许多我们可对
自己和孩子使用的技巧和视角，能帮助我们减弱光和扩大容器，从而让
二者更为匹配。

讨论完识别和诊断后，下一章讨论的是孩子视角的转变，以及如
何减弱那些让孩子内心变得不自信的强光。

第七章

"世界"不同他们作对

比赛还是战争?

即便我们不是体育爱好者,运动心理学在什么是获胜和超越所需的条件等问题上也能给我们很多启发。有意思的是,早在220多年前,施奈尔·扎尔曼拉比就运用摔跤来描述内心斗争的特点。当两个人搏斗时,如果一方在心态上更悲观,不自信,那么即使他在身体和技术上强于对手,也会失败,因为内在力量的不足会影响到他在搏斗中的外在表现。这种内在力量来自内心的平静、自信和无忧无虑的心态。而忧虑、悲伤和情感麻木只会让人变得脆弱。施奈尔·扎尔曼拉比在《教诲》中写道:

这的确是一条基本规律:就像在体育运动中,两个人都尝试着把对方摔倒在地,如果一个人的动作慵懒和迟缓,那么他肯定会被摔倒在地,很快输掉比赛,即使他比对手更加强壮。战胜自己的本能也是如此。如果我们内心悲伤,或像石头一样愚钝,那我们的动作就会变得迟缓,无法战胜对手。我们要保持喜悦,打开心扉,忘掉世间一切悲伤和烦恼,这样我们的动作才会灵活,才能获胜。

为了更好地理解施奈尔·扎尔曼拉比的意图,我们不妨以现代体

第七章 "世界"不同他们作对

育赛事为例进行分析。在美国职业篮球联赛中，金州勇士队和克利夫兰骑士队连续3年在总决赛会师①。那么，前两次总决赛最大的区别是什么？当然，在篮球比赛中，我们很难找到决定一支球队胜负的唯一因素。然而，尽管两支球队在两次总决赛期间都发生了许多技术层面的变化，但同时，他们在心态上也存在明显变化，尤其是克利夫兰骑士队的球员。而带领他们的正是被公认为全世界最伟大篮球运动员之一的勒布朗·詹姆斯。

在第一次总决赛当中，人们可以明显感受到金州勇士队主教练试图减轻队员们的负担，排除他们心中不必要的压力。他让队员们明白，这不过是比赛，获胜的最好方法就是放松地享受比赛。在很多视频中都记录着他对球员们说："我们能走到这一步已经胜利了！"要充分地享受每一刻。

主教练甚至在战术板上写道："放飞自我，享受比赛！"这正是他传达给队员们的最重要的信息。

然而，在另外一边，克利夫兰骑士队在总决赛赛前和比赛期间发布的图片和视频却展现出截然不同的态度。在系列赛第一场比赛开始前，勒布朗·詹姆斯让队友们围在一起，当时的氛围非常紧张，视频的配乐也特别悲壮。他对大家说，他们将面临一场恶战。这一场景很容易让人联想到经典战争大片。作为球队领袖，他提醒大家："我们一直不被人们看好，但我们艰难地走到了今天。"打入了总决赛。"不要把希望寄托在任何其他人身上，拿出你们自己全部的水平！但你们要明白，我是你们最坚强的后盾！"

---

① 2015 年到 2018 年，两队 4 次在总决赛相遇。——译者注

詹姆斯希望队员能完全专注于比赛，毫无保留，竭尽全力，从而超越自我。克利夫兰队的教练也在暂停时间叮嘱球员们要保持专注，一旦他们失去对局势的控制，或走神，哪怕只有一瞬间，也会立马受到对手的惩罚。

金州勇士队主教练相信存在另外一条通往成功的道路。他认为压力可以激发人潜在的力量，但也会限制能力的发挥。所以他并不认同给队员施压的方法，认为制造战争气氛甚至可能适得其反。所以，即便在开场后的几分钟里金州勇士队表现平平，主教练也没有改变自己的方式，继续安慰队员说："目前的情况我之前就料到了，没什么大不了的。大家别太在意，就像什么也没发生一样，好好地享受你们的比赛，形势一定会发生改变。"

获胜的是谁?

这两支球队代表着两种不同的心态。一种强调"全世界都是我们的敌人"，"我们必须取胜"！另一种强调正确地看待比赛，要求队员们竭尽全力，但同时放松心态享受比赛，因为压力并不能提高球员的篮球水平。

结果，在第一次总决赛的系列赛当中，金州勇士队获胜。

然而，当两队第二次在总决赛中会面时，克利夫兰骑士队开局不利，但尽管形势非常被动，他们还是奇迹般地在总比分上追平了金州勇士队，并最终赢得总冠军。在赢得总决赛最后一场比赛的胜利后，球队的关键先生勒布朗·詹姆斯接受了采访，在讲话中他提到过去一年他和队友们在心态上的变化，并分享了自己的心路历程："我不知道上帝为什么让我们走一条如此艰难的道路，但有一点我很确定，上帝绝不会让你应对超出你能力范围的事情。所以，我没有问为什么总是我，为什么这样的事情偏偏发生在我身上，而是（对自己）说，这正是他希望我去完成的使命。"

教育的方式

其实这也是在生活中和教育问题上普遍存在的两种方式，只是在体育当中以一种更为清晰（而不一定是极端）的方式体现出来。

每个人都可能采用詹姆斯在同勇士队第一次总决赛系列赛中所展现出的方式。这种方式武断地将世界划分为支持我们的部分和反对我们的部分，或符合我们利益的部分和有损我们利益的部分。生活就是战场，生命就是一场战斗。当然，这里指的是外部的战斗，而不是我们内心的斗争。所以，人需要寻求他人支持，但到底谁值得信赖，需慎重考虑。

在篮球比赛中这种方式也许行得通，但它会耗尽我们的能量，就像让一群已经没有体力的队员去打加时赛一样。但是在教育上，这种方式可能带来毁灭性后果。它让孩子觉得全世界都在同他们作对，老师在针对他们，同学和伙伴也可以分为支持者和反对者。反对者自然都是他们的敌人。拥有这种态度后，一个孩子会长期处于反抗状态中，总觉得自己受到威胁，因此具有攻击性，变得封闭，或总是为自己辩护。当采用这种方式，孩子一旦发现有不如意的事情，就觉得整个世界都在同他作对；而在获得成功时，又会过于骄傲，忘乎所以。

当世界被分成"支持自己"和"反对自己"两部分

可以说，勇士队教练在第一轮总决赛当中所采用的方式更符合精神提升的教育原则。这种方式要求孩子用另一种方式看待事物。这个世界不但不同他们作对，还在支持他们。是的，生活中的确存在各种竞争，有时竞争还非常惨烈，给我们带来无尽的失望和伤感。但从情绪角度看，要想赢得这些竞争，即战胜内心各种烦恼、困难、害怕和恐惧，光靠自我封闭、暴力、嘲讽和指责是行不通的。卡洛尼姆斯·卡尔曼·沙皮拉拉比强调，世界上存在适合每个人的道路。"问题不在世界，而在人，在于人没有听从上帝。"

我们不应该让孩子觉得自己输掉了竞争，或没有得到他们自己应得的东西，而应让他们明白，老师没有和他们过不去，邻里的孩子没有和他们过不去，同样，父母更不会和他们过不去。接受一切、不再对抗的应对方式能够驱逐他们内心的恐惧，产生立竿见影的效果。

当一个孩子不再认为现实在同他作对，他就更容易在自身找到应对这些情况的方法。他不再沉浸于悲伤当中，而是拥有更为积极的心态。这种视角能够削弱那些过于强烈、不允许其他情绪存在的光。

当孩子的世界被分割成"支持自己"和"反对自己"两个部分，他们会采用不良的反应方式，比如自闭、争辩、嫉妒、发脾气甚至诉诸暴力。教育者的任务是让孩子的行为不要基于外界对他的看法，而是基于自己对所行之事的信念。要让他们相信，没有任何外在事物在同他们对抗。这有助于他们在内心平静和喜悦的状态下专注地做事情，从而激发出更大的潜力，避免能量的无谓耗损。在这种状态下做事情，他们就

第七章　"世界"不同他们作对

不再活在别人的意见当中。当一个孩子不再认为整个环境在同他作对，他也没有必要再去取悦或反抗环境。

这种方式并不局限于使用在孩子身上。当孩子听到父母说他人的坏话，或表达对财务状况等问题的担忧时，他们也会受到父母不安全感的影响。要想给孩子营造一种健康和受保护的环境，我们必须让孩子觉得即使大家需要应对各种各样的困难，父母和他们所在的家庭并没有受到外界威胁。

金州勇士队主教练就很明白这一点，所以要求队员们开心地比赛，就算感到有些紧张也很正常。毕竟，快乐的凝聚力远远大于把自己描述成一个希望创造奇迹的弱者。

在《教诲》一书当中，施奈尔·扎尔曼拉比承认生活很艰辛，要经历许多艰难的斗争。很多时候，我们在生活中经历挑战的难度并不亚于美国职业篮球联赛的总决赛，只是我们没有球员那些光环，也没有那么多观众。生活中的斗争更多是内心的斗争。因此，施奈尔·扎尔曼拉比要求大家在应对这些斗争的过程中有意识地释放自己的紧张情绪，并相信事情一定会向好的方向发展，同样，我们也应该向孩子传递这种意识。他从不希望人们采用过于苛刻和压抑的方式。在整部《教诲》中他只在一处承认，"这的确是一场艰巨的战争……"但即便如此，他也认为成为战士并不是件坏事，"如果上帝希望他终其一生都打这场战争，那他也坦然接受，不会过于悲伤。"

施奈尔·扎尔曼拉比其实在告诉人们，不要害怕内心的斗争。是的，这极为艰难，有时甚至让我们感到精疲力竭，但借助优美的旋律、内心的喜悦和精神的超越，我们能打赢这些斗争。在悲伤、封闭和拒绝的氛围中，我们永远无法在教育和个人修养上取得成功，我们需要轻松的氛围，并且发自内心地相信世界上一切事情都是为了提升而不是伤害我们和我们的孩子。

真实的理解

即便有时世界看似在同孩子作对，但仍然认为世界是在帮助他们认识自我，发现自身的力量，这不仅是一种极具心理价值的想法，还能让孩子的心灵变得更加强大。

根据卡巴拉主义和哈西德主义的观点，世界本就如此。哈西德主义伟大思想家认为，世界在任何情况下都可能隐藏某些力量，或在人生道路上设置各种困难，但这些困难和力量的隐藏最终也拥有积极的目的，因为只有这样，才能促使人发现自己的内在力量，并让世界变得更加完美。

根据哈西德主义著作中介绍的观点，一个人应当从根本上对自己的生活感到满意和喜悦。那为什么很多时候我们会觉得世界是一个充满困难、邪恶、痛苦、暴力、欲望和不良情绪的地方呢？

哈西德主义学者强调，真正的爱和美好不是免费的赠品，而是需要人付出巨大的努力才能得到的。为了享受这些美好，人必须不断努力，为世界做出自己的贡献。这种解释认为，这个世界之所以存在不好的一面，就是为了让人通过自己的努力找到这些隐藏的力量，发现世界的美好。

我们一定要明白，所有对我们隐藏的以及与我们的内心和美好相违背的东西并非真实的存在，也没有任何实际力量，揭示和发现这些美好才是关键所在。如果一个人能意识到看似在对抗他和打击他的东西本质上都在帮助他，这个人就已经成功了一半。

当我们让孩子从小接受这种思维，相信自己的情绪并非命中注定，世界并没有同他们作对，也没必要让自己同世界处于对抗状态，他们就会获得一种来自内心深处的安全感，而且这种安全感难以撼动。即使父母或孩子发现自己遇到看似棘手甚至糟糕的情况，这种观念也能让他们坚信现实并没同他们作对，只不过暂时掩盖了真相。在犹太心灵理论看来，不管现实多么难以接受，其背后都隐藏着有待人们去发现的美好。

卢巴维奇拉比认为，这一观点同让孩子与自己以及环境和谐相处的教育原则是一致的。当遇上打破这种和谐状态的力量，我们要让孩子知道这不过是一种体验，或对孩子的考验。"要让孩子不要畏惧世界对人的隐藏，不要害怕他人的话语，也不要害怕'世界'的话语……"

这种观念的另一个目的是，即使孩子遇上"隐藏"，陷入似乎在同他们对抗的现实，"他们的心也不会'跌倒'"，这些困难也不会让他们感到难过，他们知道这种对抗的存在和现实被隐藏的原因。就算他们在情绪上"跌倒"，觉得自己有时被不良情绪控制，他们也明白，"倒下再站起来有时是世间常态……"无论如何，他们都相信，跌倒是为了再次站起来，不会因为这些事情黯然神伤或灰心丧气。

世界并没有同我们作对

世界并没有同我们作对，从这种观念中，我们可以进一步总结出几条意义深刻的教育理念。

缺陷只是外在的

梅纳赫姆·埃克斯坦拉比认为，真正的心灵疗愈并非始于人逃到一个安全的港湾，而始于他发现内在自我，始于他明白自己经历的情绪问题都是外界给他的考验，只有通过了这些考验，他才能发现自己的全部力量。梅纳赫姆·埃克斯坦拉比说：

在这个世界上，当一个人想摆脱日常烦恼，或从眼下的麻烦中获得某种解脱，往往会寻找各种能让自己精神或身体愉悦的消遣。

有时我们会读一些我们感兴趣的好书，让自己的思绪被书中的内容吸引，从而暂时离开让我们感到艰难而沉重的个人世界。

有的人不得不选择一些更粗俗的方式来减轻自己的悲伤和空虚感。他们很大程度通过满足内心欲望或一醉方休的方式来忘记那些折磨着他们的烦恼。

但这些方式都是作用于人的外在方面，虽然的确能短时间对人产生影响，比如让他们喝醉，但过不了多久，所有的烦恼和迷惑都会回来，很多时候还会变本加厉。

何时才能找到真正能够治愈我们的最为稳妥的方式？我们只能从自己的内心中寻找答案。

埃克斯坦认为，我们必须明白："所有的悲伤和愤怒都不属于我们的内心，而是来自外界。因此，除非我们找到回归自己内心的方式，否则我们永远也无法摆脱和解决这些问题。"

犹太心灵理论还告诉我们，我们不应该用一个人表现出的缺陷来定义这个人。哈西德主义学者们强调，"我们既要知道自己的缺陷，也要知道自己的优秀品质。" 卢巴维奇拉比认为这种说法还不够准确，他进一步强调，缺点完全是外在属性，根本不能用缺点来定义一个人。

第七章 "世界"不同他们作对

"确切地说，当我们谈论美好品质时，我们所使用的语言本身也是美好的，但当我们谈论缺陷，语言本身是有缺陷的，而不是缺陷本身……所以，就算被称为缺陷，被指代的事物本身并非缺陷，而是外部世界的强行定义。"

父母的目的是让孩子深刻明白，即使孩子做出错误选择，犯错误，弄坏东西，或没有完成任务，他们的内在自我也是完整的。他们对这种完整性的认识越深刻，他们成长得会越顺利。认识到自己内在的优秀品质有助于提升孩子的境界，发现个人的潜力，从而帮助他们在内心斗争中取得胜利。之所以说不良倾向外在于人，本质上是因为，每个人要在两种心灵间进行选择。如果人不认同自私的自然心灵，那么这种心灵就成为外在于人的存在，无法成为定义这个人的依据。

施奈尔·扎尔曼拉比写道："邪恶一面没有任何实质内容可言，而是一片黑暗的虚无，因此只有光的存在才能将黑暗驱散。"也就是说，消极、物质和自私的一面所表现出的生命力其实来自神圣的一面。所以，这一面同人不存在对抗关系。其目的是以间接的方式提升人的境界。消极一面之所以能够不断增长，迷惑人心，是为了让人觉醒，从而战胜这一面。因此，我们千万不能让孩子认同自己的不良行为、失败或负面情绪。我们要让他们明白，这些都是必须战胜的外在挑战，并非自己的本质。从来就没有坏孩子，有时孩子的某些行为不可取，但我们需要否定的是那些行为，而不是孩子。大多数情况下，当一个孩子觉得自己不会经常被大人批评，自己的正当需求也都得到满足，他就不会再做出那些不良行为。

拒绝任何形式的绝望

根据这一观点，孩子或成人情绪的不稳定和内心波澜并非只是外部事件对内心冲击产生的结果，也是每个人经历的内心斗争的一部分。哈西德主义认为，在很大程度上，人之所以被创造就是为了这些斗争。因此，陷入悲伤或绝望就相当于人在考试前弃考。绝望是我们必须克服的来自消极方面的诱惑。这个问题对父母意义重大，他们永远不应该觉得没有希望，或不相信自己能够影响和改变孩子。孩子也一样，永远不要认为失败和情绪低落是一种常态，或认为失败的原因全在自身。

拉亚兹拉比说："绝望是破坏上帝所创造的世界、阻止人完成其在世界使命的毒液。"绝望摧毁人的心灵，迷惑人的理智，因此，战胜绝望的人才是最伟大的英雄。卢巴维奇拉比则说："我们整个理论体系中最根本的一点就是否定绝望。我们要坚信，发生在我们身上的每一件事最终都是好的。"

根据卢巴维奇拉比这一观点，绝望和"其他自然本能同源"。人之所以会感到绝望，是他对现实的错误认识使其无法看到自己生命的真实目的。

比如，一位母亲长期担心孩子和丈夫的安全。当孩子出远门，长时间不接她电话，她就会特别紧张和焦虑。只要没有孩子的消息，她就会想象孩子发生各种事故，这些没有意义的想法会让她感到无比恐惧。即使孩子回复了她，这位母亲也无法从之前的负面情绪中走出来，很难克服这些情绪带来的伤害。如果她能冷静下来审视一下自己的想法和恐惧，她就会意识到，大多数时候她所想的并不是孩子，而是自己：如果孩子有个三长两短，她该怎么办？如果那些"恐怖的场景"在现实中发生，她还怎么活下去？所有这些思绪都来自我们应试图抑制的自私的自然心灵。同样，当孩子在学校生病，或没有完成重要的任务，父母会被老师叫到学校。这时，如果父母只考虑自己，因而产生各种负面的思

第七章 "世界"不同他们作对

想，还无法从脑海中坚决地驱逐这些想法，那么他们就难以对抗绝望。

人与人之间在这方面存在较大差距，有的人只有在应对非常复杂的情况时才会感到绝望，还有的人在并不那么严重的情况下就会陷入绝望。

不管属于哪种情况，在卢巴维奇拉比看来，绝望都同父母和孩子的生命目的相违背，因为它无法给我们带来任何好处。"绝望是被各种邪恶力量踩踏的门槛，是含有毒液的诱惑。"

1940年8月，拉亚兹拉比奇迹般地从纳粹魔爪下逃出、踏上美国海岸不到几个月时间，有一个感到特别绝望的人向他寻求帮助，拉比给他回了一封充满启迪、鼓舞人心的信。

他在信中说，在任何情况下我们都不要给孩子描绘一个黑暗的未来，或让他们感到无助。那些充满灾难感的画面本身就是灾难。不管摆在我们面前的挑战是大是小，我们决不能怨天尤人，认为生活无比阴暗和凶险。"现在还能怎么办？""这下我们该怎么活下去？""为什么我们之前会做出那样的选择？"这些都是应该避免的容易让人在绝望中越陷越深的话。当一切在我们眼中成为空虚，或"虚幻的想象"，生活就失去了意义。真正值得的生活应当充满活力和激情。绝望让我们失去对生活的期待，不再愿意付出努力，停止成长。

黑暗的想法会让人犯错误，使人变得目无法纪而轻浮。这些人无法承受这种空虚和荒凉感，因此会做一些看似能让他们生活变得有意义的极端的事情。有的情况下，孩子会错误地认为自己一无是处，或认为反正一切都失去了希望，不如随心所欲。而我们的目的是鼓励孩子相信自己可以战胜眼前的困难，永远不要认为所有的路都被堵住，没有任何出路。

拉亚兹拉比的建议是，即便陷入困难，也不要唉声叹气，怨天尤人，甚至哭哭啼啼，因为这样无济于事，我们要做的是通过实际行动改变现状，并创造一种充满信仰、希望和自信的氛围，因为这才是"绝望毒药的解药"。也就是说，与其靠在那些被封死的门上浪费时间，或后悔以前没做的事情，我们不如同孩子一起行动起来，寻找解决方案。

真实的意图

根据世界并不同孩子对抗的观点，我们得出结论，所有的不良行为和情感都是外在的，而且所有真实意愿的表达都有其价值，哪怕这些意愿会带来不可取的行为，因为这些不可取的行为也是真实的行为，能够揭露我们最为真实的意图，其中包含我们最深层的内在性，这是一种不能放弃的积极的火花。

一个小孩嫉妒自己刚出生的弟弟，总是担心他取代自己的位置，他很可能会错误地认为自己是多余的，不然父母为什么会再生一个孩子呢？于是他对自己的弟弟充满愤怒，而这又可能会表现为一些外在行为和生理症状，比如尿床，或对弟弟使用暴力。这些感受的根源往往都是害怕被抛弃或否定。也就是说，这些行为背后的意图并没有问题，这个孩子的真实意图不过是获得温暖、爱以及父母的关注。

要想解决这个孩子的不良行为，父母要让他明白没有必要嫉妒自己的弟弟。照顾婴儿是全家人共同的任务。婴儿不会影响任何家庭成员的地位，甚至可以说，婴儿并不是全家的中心，而只是家庭的一分子。只是因为他年龄更小，需要更多的时间照顾和关心。这时，父母责备大孩子，或担心他会伤害到婴儿，不但不能发现还会隐藏这个孩子的真实意图和需求。当孩子感到自己的地位并没有受到威胁，没有任何人能取代他，他就没有必要做出不良行为，而是能够在内心平静的状态下继续做自己的事情。有时，我们越是照顾婴儿忙得不可开交的时候，大孩子越是要求获得我们的关注，但大孩子很可能只是为了确认我们爱他，无

第七章 "世界"不同他们作对

条件地接受他，他在家里的地位是稳固的。

审视实际的行为，哪怕是负面行为，能够帮助我们发现这些行为背后的真实意图，进而帮助父母和孩子更好地理解自己的环境，并在更大程度上接受这一环境。比如，没有孩子喜欢被拒绝。当他们被一些社交圈或社交媒体上的朋友圈排除在外，如果他们能够理解这些背后的动机，就能够更好地接受自己被排斥的事实。有的孩子则认为群主在针对他们，不喜欢他们，或相信自己被排斥在某个朋友圈之外是有道理的，是因为自己不够好。当选择用这种方式来理解这一现象，他们在情感上会受到更大的伤害。换一个角度，如果他们经过分析后告诉自己，那些人之所以排斥他们，并不是针对他们，而可能是因为那些人自己感到害怕，对自己的社会地位没有信心，或因为那些人这样做是为了讨好某些其他人，他们内心深处的意图是纯粹的，只是以一种不好的形式表现出来。如果能这样理解这一现象，孩子就不会武断地评判他人，感觉自己受到威胁，他因被排斥而产生的伤害也会大大减小。

相信自己能成功

两个孩子，能力相仿，条件相同，他们面对着同一个挑战，不管是学习新的东西，参加体育比赛，创作，还是组装某样东西。其中一个孩子可能意志力弱，容易灰心，然后中途放弃，另一个孩子则能够坚持到底，获得胜利。为什么？

他们之间的差别很可能在于对成功的信念。

卢巴维奇拉比认为存在两类求索方式，或者说，不管是解决问题，还是应对困难，都存在两条道路。第一条道路是积极的道路，能催人不断进取。另一条道路让我们感到困惑和怀疑，最终无所作为。

当一个人在求索过程中坚信最终会找到很好的解决方案，圆满完成任务，他就会精力充沛，积极努力。他知道宝藏就在那里，能否找到全靠自己。相反，如果一个人总是怀疑自己能否找到解决方案，甚至怀疑是否存在解决方案，他求索的动力会不断下降，并因此失去成功的信念。

每个孩子都处在内心斗争之中，也需要面对许多外在的挑战。这是一个无法改变的事实。但如果从一开始他们就相信自己能够成功，他就拥有更多的力量和勇气来应对这些挑战。卢巴维奇拉比认为，如果一个人应对这些挑战本来就是为了发现自己内在的力量，做出更好的选择，那么"获得成功只是时间问题……每个人都可自由选择，尝试运用自己的力量，发现内在自我。当一个人意识到自己成功的必然性，他将更有勇气去迎接战斗，并更早地结束战斗"。

孩子对成功的信心很大程度上取决于父母对他们的信任和给他们的信心。女记者雷切尔·马列克·布达曾谈道，虽然她之前认为女性很难学好开车，而且总是有人喜欢用各种讽刺的方式打击女性在驾驶方面的自信心，但在父亲的帮助下，她成功地克服了这一困难。她这样写道：

我拿到驾照的第二天，（我父亲）就让我上车，命令我开车带她去耶路撒冷看望我的祖母。他自豪地说："我的女儿不会害怕上高速的。"的确如此，我一点也不害怕。即便在我把他汽车的保险杠蹭坏，或把反光镜碰掉时，我也从来没有听父亲说过一句抱怨女司机的话。我犯下错误当天，他让我坐在副驾驶，手把手教我如何通过反光镜和倒车雷达来判断距离。

多亏了父亲，我现在成为一名能够驾驶汽车走南闯北的独立记者，能在特拉维夫这座拥挤的城市轻松停车，在高速公路上也经常对

第七章　"世界"不同他们作对

占道的摩托车按喇叭，强行超车时我也毫不畏惧。有时，当我到偏远的地方采访，被采访者见到我第一句话往往是："什么？不要告诉我是你一个人开过来的！"我一般都会对他们说，"我不是一个人，父亲一直就在我身边。"

这个例子所告诉我们的道理可以运用到孩子的各个年龄阶段。在孩子年幼时，我们要相信孩子能自己倒水和准备沙拉；当孩子长大些，我们要相信他们能够独立做出明智的选择，处理好自己的财务，在旅行以及同朋友们一块儿玩时能照顾好自己。只有相信他们，我们才能让他们变得更加独立，才能让他们在人生道路上获得更大的成功。如果我们总是不相信他们的选择，总觉得他们的想法没有我们的成熟，或担心我们会因此为他们的错误付出代价，那我们就会影响他们对自己以及自己能力的信心。此外，每个人都是在错误和选择中不断总结经验并逐渐成熟起来，不让他们犯错只会阻碍他们的学习和成长。

消除怒火，避免冲突

避免同他人的冲突和斗争也是让孩子接受世界没有同他们对抗的重要而有效的方式。我们既要鼓励他们追求独立和成功，也要鼓励他们避免同周围发生不必要的冲突。1958年，一位年轻人在给卢巴维奇拉比的信中谈到自己在经历冲突后"精神上受到的冲击和情绪上的剧烈波动"。拉比回复他说，要想克服这种情绪，你一定要明白，发生的一切必然有好的目的。哪怕事情不尽如人意，最终也是为了我们的成长。"至于信中提到的冲突，千万不要加入其中，而是像我们的贤哲一样，只倾听，不回应，这才是减少摩擦和冲突的最稳妥的方式。"

当孩子受到伤害，或非常愤怒，他们很难控制自己的情绪。他们一心想向世界释放自己心中的怒火，特别是对那个伤害到他们的人。这时我们很难说服他们改变自己的看法。发生改变的时机不在孩子气头上，而在他们冷静后。只有这时，理智才可以照亮和引导人的情绪。关于如何改变看待问题的视角，在受到伤害时从受害者心态中走出来，皮亚塞奇诺大拉比给过一个建议。当一个孩子心存愤怒和仇恨，只能看到朋友不好的一面，拉比要求他把这些理由都写下来。"不要把这封信寄出去，而是藏在盘子下。放纵你心中那条愤怒的毒蛇，最终你会发现它没什么了不起。"于是，这个孩子按照拉比的要求，针对他认为伤害了自己的那个人，他把自己所有能想到的讨厌他的理由都写了下来。

这个孩子可以每天大声读这封信，甚至想象和感受自己责备和谴责那个人的场景。几天过后，如果这个孩子还没有冷静下来，他可以再写一封信，继续提出自己的理由。卡洛尼姆斯·卡尔曼·沙皮拉拉比认为，一段时间后，写信者一定会冷静下来，觉得说这样的话不妥，他的情绪也会随之改变。"一个内心柔软的人会很快同他人达成和解，一个内心坚硬的人则需要多重复几遍这一过程才能达到同样的效果。"但无论如何，这个方法对大多数人都有效，能让他们心中的怒火逐渐消散。"这并不是一种欺骗，只是人性如此，当一个人责骂和谴责他人，他心中的愤怒也逐渐归于平静。"

皮亚塞奇诺大拉比明白这一建议很难被一些人接受，因为他要求人把负面的想法记录下来。但是，在他看来，这比让这个孩子直接对着朋友说出这些话要好得多，那样的话，他朋友很可能会选择反击，争吵的不断升级只会让那些负面情绪继续在这个孩子心中存在，甚至变得更为严重。

这条建议相当于满足了孩子在生气悲伤或恐惧时最简单的需求，即希望有人能倾听和理解他们。这种不加评判的倾听能让这些负面情绪得到发泄，而不是从一开始就被压抑，其目的是让人逐渐冷静下来，不再受到心理混乱的影响。"你自己看看这是多大的事？有必要哭吗？"这样的话在孩子看来都是嘲讽，是不可取的。我们应该说："我理解你为什么哭。"这样，我们并不持否定孩子哭泣的立场，能让孩子感受到我们对他的理解，那么他也能更快从这种状态中走出来。

真实的想象和失真的想象

到目前为止，本章解释的这种世界观似乎还有一个未能解答的问题：这种观点是否完全忽略了孩子本应意识到的客观存在的问题、困境、分歧和威胁？

在电影《美丽人生》当中，导演兼主演罗伯托·贝尼尼饰演一位伟大的父亲，他让孩子将集中营的生活视为一个游戏，从而远离恐怖的现实，不再认为那些人仇视甚至想伤害他们父子二人。主人翁圭多是一位意大利犹太人，第二次世界大战爆发前和战争期间就生活在意大利。为了不让儿子乔舒亚受到反犹主义的影响，他制造了一系列戏剧性的场景。当乔舒亚问父亲商店上为什么挂着"犹太人和狗不得入内"的牌子时，圭多对儿子解释说，这不过是店主的个人想法，等以后他们开了自己的书店，就挂一块"西哥特人和蜘蛛不得入内"的牌子。

当一群纳粹卫兵进入集中营寻找翻译时，根本不懂德语的圭多自告奋勇。他并没有如实翻译纳粹分子所说的话，而是借着当翻译的机会说这一切都是个游戏，谁能集满1000分就可以得到一辆真正的坦克。不听指挥的人将失去比赛资格，什么也得不到。

在这部电影中，通过将集中营中令人无法忍受的残酷现实替换为游戏，孩子在这些恐怖环境下生存下来的几率大大增加。不幸的是，就在集中营被解放前，圭多惨遭枪杀。当乔舒亚从躲藏处出来时，惊讶地发现一辆美国坦克开到他面前。坦克的指挥官抱着他坐上坦克。在坦克行进过程中，乔舒亚突然在幸存者队伍里发现了自己的母亲。他跑到母亲怀中，挥舞着双臂兴奋地高呼："我们胜利了！我们胜利了！"

电影中主人公用另一种方式来描绘残酷的现实，其好处显而易见。通过这种方法，纳粹分子不再是敌人，而是成为游戏中的数字。

但这部电影不得不让我们思考这样一个问题：这种方法真的在现实中存在吗？在现实生活当中，我们也有必要用另一种方式来描绘现实吗？这算不算逃避现实？当有人尝试伤害孩子，或已经伤害到孩子，孩子感到受伤不是很自然的事情吗？他们就不能感到难过吗？

《美丽人生》提供的是一个很极端的案例。日常生活中的选择有所不同。大多数情况下，我们经常做出的选择不是用想象的现实来替代真实的现实，而是完全逃避真实的现实，一味沉浸在自己想象的失真的世界当中。

埃克斯坦拉比认为，在每个人内心每一刻都存在两种想象之间的斗争。一种是自然想象，用他的话来说是"错误的想象"，另一种则是真实的想象。关于自然想象他这样写道："人一方面具有错误和误导性的想象，这种想象会夸大自身的重要性。这种想象是自发的，是人的默认设置。他源于人对自己本能的爱，不需做出任何努力就能发挥作用。这种想象会迷惑我们的双眼，让我们无法看到自己在世界上真正的位置和价值。"

几乎在做任何事情前我们都会使用这种错误的想象，有时甚至毫无意识。在吃东西前，我们会在脑海里想象食物的味道，并因此产生一

第七章 "世界"不同他们作对

种愉悦感；在考试前，我们会想象自己顺利通过，并享受这个成功给我们带来的喜悦。当然，我们有时也会想象自己没有考及格，并因此感到难过。

在某种程度上，选择这种狭隘地看待事物的视角会导致我们情绪闭塞，甚至出现严重的情绪问题。埃克斯坦拉比说：

如果我们此刻感到难过，我们会完全忘记过去和将来的自己……我们的整个生活都将被局限于悲伤当中，就像世界上什么其他事物都不存在一样，不管是广义的世界还是我们个人的世界……

这样一来，我们无意识地长期处于情绪波动当中。这一事实会严重限制我们的视野，导致我们无法从自我中走出来，去激发和增强我们内心的其他情绪。

如何才能摆脱这种错误对人造成伤害的想象？答案是运用另一种想象，即真实的想象。

除了"自然想象"，还存在一种被埃克斯坦拉比称为"真实想象"的想象。"真实想象"要求人做出选择，承担责任，付出努力，直到其成为我们心灵的一部分，从而驱逐我们与生俱来的"自然想象"。

"真实想象"相当于一种"观察"能力。其目的是拓展一个人的视角，让人不再纠结于一己私欲，狭隘地看待现实，而是把自己放在更广阔的世界中，放在上帝创造的一切中。如果一个人能够这样"观察"自己和世界，他就能逐渐赶走各种不良情绪。

埃克斯坦拉比提出的这种想象方式旨在纯洁人的心灵，不让心灵被任何阴影遮蔽，从而提升和照亮人的内心。"真实想象"在本质上并不是一种想象，也不是一种幻觉，而是发现隐藏在人自身的力量。在拉比看来，大多数人之所以无法淋漓尽致地生活，就是因为他们没能努力增强自己多方面的情感，拓展自己看待问题的视角。

在父母和孩子的关系上，如果父母运用埃克斯坦所说的"真实想象"，父母应该从根本上改变孩子自然看待世界的方式。父母必须陪伴孩子，不断帮助孩子解读每件事情背后的意义，从而提升孩子的心灵境界，改变他们内心的情绪。通过真实想象，孩子将发现他们可以控制自己的情绪。他们选择什么样的画面，他们的情绪就会受到什么样的影响。因此，通过控制这种"想象"，他们可以改变和引导自己的情绪，从而夺回对自己情绪的控制权。

观察和"真实想象"还能帮助孩子控制自己的思想，让他们专注于自己选择所做的事情，而不是随时可能发生的、试图控制他们情绪的事情。通过克服"自然想象"，孩子会逐渐改变对自己的看法，增强对情绪的控制力。

可能有人会认为上文所说的纯属逃避现实，但其实并非如此。观察和真实想象是坚持不过分关注那些带来情感伤害的没有价值的因素，让人客观地看待现实。让我们用一个成人世界的例子来更好地说明这一点。一个人欠了一些债，如果他成天想着这件事，并因此寝食难安，似乎一切美好的事情都被摧毁，以至于最后他连现实都看不到，他看不到自己可爱的孩子、美丽的妻子以及日出和日落时壮观的景色。为了不让这些烦恼蒙蔽我们观察现实的双眼，他必须规定自己在固定而有限的时间里去应对这一财务问题。毫无疑问，债务是客观存在的，但是它并非是他可以观察的唯一现实，甚至连主要现实都算不上。通过拓宽视角，他能够发现不同的更为真实的现实，这不但能直接改善他的情绪状况，

第七章 "世界"不同他们作对

还能间接帮助他从经济困难中走出来，因为他心态会变得更平和，思维会变得更清晰，行动力也会变得更强。同样，当一个孩子听到有人说他坏话，或受到朋友或老师的责备，他很可能就会失去看待生命的宽广视角，因为那些话一直萦绕在心头。对他而言，所谓现实不过是那些批评，而不是生活中那数不胜数的开心事。

如何训练孩子运用真实想象的力量？埃克斯坦拉比认为，我们应该在专门的时间内，让他们尝试从有局限性的现实和具体事件中走出来，去观察现实中的其他细节，去审视更广阔的世界。这种训练旨在让孩子重新控制自己的思想，"清除所有扰乱心灵的东西"。

审视并非一种在指导下展开的想象，而是视角的扩展，去关注那些有利于培养孩子优秀品质的细节。它能够帮助一个人从自己有限的现实中走出来，看到更广阔的世界、更多的人，并看到自己同"充满一切和驱动一切的生命力"融合一体。

埃克斯坦拉比还指出，为了拓展孩子的视角，开阔他们的眼界，一个很好的方法是让他们去观看世间的种种奇迹，去体验发生在自身之外的诸多事件。为了培养这种意识，我们要腾出时间同孩子一起细心观察美丽的大自然，观察"围绕大陆的海洋"，观察航行在大海上的船只，去观察各种动物和植物，高山、河谷、岩石以及各种各样的人。

我们的心智不断成熟，视野会逐渐变得宽广……此外，我们会开始留心其他人的生活，成千上万的生活方式都会呈现在我们眼前。

之后，我们再回到自己的生活当中，审视自己：我们处在世界什么位置？我们的工作是什么，我们今天具体要做什么，这些事情能给我们带来什么，以及我们有哪些开心或烦恼的事情……

犹太人的教育智慧：犹太父母这样教孩子

我们的目的是同孩子坐在一起，去发现一个不一样的、更加广阔的现实，并让他们谈谈对这个现实有何感想。这样他们才会发现，现实是外在于他们的存在，而不是一切都围绕着他们展开。

拉亚兹拉比的父亲曾跟他讲过一个故事，让他明白对生活的观察和理解是一个循序渐进的过程。这个故事是关于一个很有天赋的画家，在作画时，他首先画一些简单的线条，构建出整幅画的轮廓和结构。随后他才在线条的基础上添加各种颜色，使之成为一幅美丽的画。"一开始只有物质，没有生命力。但后来，颜色为物质注入新的生命。一开始物质决定一切，但后来，颜色战胜了物质。"

观察这一过程的目的是让孩子明白，色彩在生活中非常重要，我们要用内涵和精神战胜物质。利益只会让我们停留在功利主义的层面进行思考，机械地将世界划分为支持自己的部分和反对自己的部分。

当孩子越来越深刻地意识到物质并不是唯一值得追求的事情，这说明他们正在成长。不管是孩子还是成人，如果能让自己的视野变得越来越宽广，他们将不再感到疲倦或懈怠，也不再会说："这无聊透顶"，或说："为什么我就得到这么点东西？"

在下一章，我们将讨论父母如何通过自己的行为和反应模式传达给孩子的一种基本而关键的情感。

第八章

爱

亲密关系的基础

同孩子建立真正的亲密关系必须以爱为基础。在表达任何其他情感之前,我们首先要表达爱。如果不爱孩子,总是因他们所犯的错误而责备他们,我们就无法提升孩子的心灵。即使需要批评他们,这种批评的话也应该出于爱,否则我们无法让孩子得到成长和提升。当孩子没有得到他们所需的爱、关注和欣赏,他们就会尝试去其他地方寻找,而且很可能是不好甚至危险的地方。孩子总是试图靠近那些能够获得爱的地方,因为他们需要爱,也应该得到爱。

爱的表达非常重要。有一个耶希瓦的校长听说自己的一个学生准备在出安息日的晚上去看电影,这在犹太宗教学习学校是无法接受的事情。于是这位校长跟随这个年轻人,发现他果然在排队买电影票。

当看到校长走来时,这个年轻人吓得脸色苍白。但让他惊讶的是,校长居然只是对他说:"都冬天了,怎么离开学校都不穿件大衣?会感冒的。"接着他脱下自己的大衣,披在年轻人肩上,然后转身离开。

正是因为这种给予行为和爱的表达,这个年轻人的心灵得到提升。他感到一种强烈的归属感,理解到有人时刻在关心他。他终于发现,在这所学校他所追寻的不仅仅是学业上的成就。

第八章　爱

本然之爱

父母对孩子的爱非常特殊，其同其他形式爱的区别并不在于其更加强烈和深沉，而是一种完全不同的爱。

在大多数爱的关系中，爱的主体和对象，即爱者和被爱者，往往是两个不同的个体。人之所以爱另一个人，主要因为另一个人具备某种品质，或能从这个人身上直接或间接得到某种利益。如果这些品质或利益不复存在，爱也将随之消散。这就是为什么贤哲们说："若爱取决于他物，物之不再，爱亦不存。若爱不取决于他物，爱将永存。"

父母对孩子的爱不取决于任何外在因素，属于本然之爱。父母爱自己的孩子不需要任何理由，就像大多数人爱自己不需要任何理由一样。对自己的爱让人更容易看到自己的优点，而不是不足。父母对孩子的爱也是如此，父母更容易看到孩子身上的优点，而不是缺点。这种爱源于亲子关系的事实，可以说，孩子和父母在本质上是一体的。

当然，也可能出现相反的情况。当一个人对自己非常苛刻，看不到自己身上的优点，无法原谅自己犯下的任何错误，他也很难全然地爱孩子。他在孩子身上看到的全是缺点，而不是优点。父母对孩子的这种本能之爱同其他形式的爱的区别，不仅在于这种爱不会因为某种外在因素的消失而消失，还在于其本质上的特殊性。因为那些取决于外在条件的爱是外在于人的，当一个人看到另一个人的优点，他们之间的关系取决于他理智上对这种优点的理解，并不构成一种内在的关系。而父母对孩子的爱发自心灵，并不取决于孩子在社交、学习、体育等方面取得的成就。

爱需要表达

本能之爱的力量非常强大，能够打破各种局限而长期存在。很多时候，孩子成年后也会经常想起过世的父母。为何如此？他在回忆些什么？其实孩子在重温父母对他们的爱。这种回忆能够让他们更加勇敢地面对日常生活中的各种挑战，并更好地接受自己。

卢巴维奇拉比指出，当一个人拥有一个忠实地爱着他的人，即使这个人与他相隔万里，甚至已不在人世，他也不会感到孤单。当我们想起那些深爱我们的人，我们的内心会变得无比强大。人与人之间的爱不受时空的局限，这是一种心灵和精神上的连接。

所以从教育角度，我们得出的结论是，孩子必须知道父母爱着他们，这种发自心灵的爱没有任何附加条件。这能让他们变得更为强大，不会因爱的条件性而感到缺乏安全感，进而产生许多不良行为。但需指出的是，孩子感受到无条件的爱是一种主观体验，并不取决于我们觉得自己为孩子付出了多少。如果一个孩子担心自己被父母抛弃，那他一定是对自己同父母的关系不够有信心，这时，父母要采取必要行动，解决这一问题。

父母对孩子的爱是无条件的，但父母必须让孩子感受到这一点。言语和行为能用于表达父母的原则和情感，如果缺少这些言语和行为，孩子永远无法发现父母对他们的爱，因为他们很难读懂父母的心思，也不会主动去接近父母的内心。所以，父母有责任以非常自然的方式向孩子表达自己的爱，让孩子真实感受到这一点。

但是，如果父母一会儿对孩子说"我的小公主""你真是太完美了！""你是全世界最优秀的孩子"，一会儿又严厉地批评他们，伤害

第八章　爱

他们的自尊，这就不是无条件的爱。孩子只会觉得，之前的那些好话并非父母发自内心对他们的认可。

表达爱的方式之一是鼓励和表扬。这种表扬并不是肤浅的恭维，而是精准地指出孩子的优点，没有任何夸张成分。目的是让孩子相信他们能够完成眼下的任务，看到自己的优点，并显现出自己潜在的优点。当我们用合适的方式表扬孩子，他的优秀品质将不再处于隐藏状态，这又能进一步促使他发现内在的力量。

拉亚兹拉比写道："表扬能够提升受教育者的心灵，将他从当下的困境中解脱出来，置之于更高的基础之上。奖赏能够鼓励受教育者，为其赋能，激起他心中不断进取的愿望，不管是在学习上还是在其他行为上。"

犹太学者认为，语言不仅能够用来描述现实，还能创造现实。孩子一般通过他人对他的期望来定义自己。当他人不断指出他的优点和美德，孩子就会更加相信自己可以拥有这些能力，最终勇敢地使其变为现实。关于表扬的作用，卡洛尼姆斯·卡尔曼·沙皮拉拉比写道：

同样，当我们表扬一个人慷慨，我们所赋予他的精神力量会让他变得更加慷慨。表扬的话语会激起他心灵中潜在的力量，帮助他克服吝啬的品质。

所以，必须设法发现并强化孩子身上的美好品质，但与此同时，要避免让他们变得过于骄傲和懒惰。

表扬并不会让爱变得具有条件性，因为好的表扬并不取决于孩子是否成功，而是通过表达对孩子能力的信任而帮助他获得成功。在上面的例子当中，即使那个孩子最终没有变得慷慨，我们还是要充分地相信孩子具备这种能力。

"相反，如果父母说的话总是强调孩子的不良情绪，这不仅不利于亲子沟通，还会让孩子的心灵沉沦。"当有人在来信中写道"我们处在冰冷和令人绝望的汪洋大海中"，卢巴维奇拉比非常反对这种表达方式，他说:"我建议人们不要使用这种表达，因为每个人内心都存在不良倾向，这种倾向让人认为事情变好的希望很渺茫，因为事已至此，离胜利太遥远了，完全没有奋斗的必要。"

言语本身具有发现和培养品质的力量。我们可以通过表扬来发现和培养孩子的优秀品质，也可以通过表达负面观点来强化不良品质。

爱与边界

爱并不意味着我们不需要给孩子设置边界和提出要求。出于爱而设置的边界不同于责备，其强调的是边界积极的方面。如果孩子听到的都是禁止和否定，他们会有强烈的被禁锢感。根据提升原则，边界强调的不是禁止做什么，而是允许和应该做什么。

爱也不意味着我们要满足孩子的一切想法，时刻处于取悦他们的状态。卢巴维奇拉比不认为理想的教育是满足孩子的一切愿望，相反，如果父母不教导孩子承担责任，挑起重担，而是一味满足他们，父母和孩子迟早将为此付出代价。我们给孩子想要的一切，但不鼓励他们自己为之奋斗，这会对他们造成巨大的伤害。如果孩子对父母的权威没有最基本的尊重，他们的行为会一直像一头"野驴"。而这样最大的受害者是孩子自己，因为他们身上会出现将他们带入痛苦深渊的心理特征，无法全然地接受自己。

　　拉比认为，父母总是愿意为孩子付出一切，但如果爱的表达中缺少边界，不考虑孩子真正的需求，这种付出注定弊大于利。这也是为什么《米德拉什》中说"爱让人迷失"。

　　有一种错误的观念认为服从权威不利于孩子的健康和创造性思维，但事实并非如此。让孩子承担一些艰巨的任务和责任前，我们必须对教育中一些关键问题进行明确定义，在这些问题上不能有任何妥协。让孩子承担责任并完成一些艰巨的任务，其目的同爱孩子是一样的，即让他们变得更为坚强，不让世间的烦恼影响到他们的心情、左右他们的感受。

　　之所以要让孩子接受这些负担和责任，目的并不是惩罚他们，或把他们的身体和心灵累垮，而是通过这种方式让孩子明白"后天的努力大于天赋，真实强于谎言，并最终明白善能够战胜恶"。接受父母的权威，去勇敢地承担自己的责任，完成交给自己的艰巨任务，能让孩子从"野驴"的狭隘状态中走出来，发现广阔的外部世界。

　　爱是一切关系的基础，所以，父母所有的行为，包括设置边界，都必须源于爱。同样，父母对孩子提出的要求也应该源于爱。当父母的行为不是源于孩子的行为对他们造成的心理冲击，也不是为了向世界炫耀他们的教育方法有多么成功，而是源于孩子对他们的重要性，那么，父母设置的边界和提出的要求就包含着伟大的爱。无条件的爱并不意味着忽视孩子的处境，而意味着父母希望为孩子提供他们最需要的东西。这一切都取决于孩子。有的孩子需要限制，有的孩子则需要更多的独立空间。当孩子感受到这一切都是源于父母对他们的爱以及出于让他们变得更好的愿望，孩子会更加信任父母，也会更配合父母对他们的教育。

总之，爱是拉近父母同孩子间距离的基础。没有爱，父母不过是孩子需要依靠的更有权威和力量的成年人而已，但这并非父母同孩子关系的本质。

教育者心中的孩子

在教育上，孩子不仅应该得到来自父母的爱，还应该得到他们成长过程中各位老师的爱。卢巴维奇拉比的一位追随者在纽约一所耶希瓦担任老师。这位老师说他曾遇到一个在他看来非常严重的问题：在一个安息日，耶希瓦一位学生离开了经堂一会儿，回来时他衣服上带有烟草的味道。显然，这个年轻人在安息日抽烟了[①]。

这位老师刚开始以为是自己的错觉，但后来他听到其他学生也在议论这件事情。这位学生来自一个非常有名望的犹太学者家庭，为了避免造成恶劣影响，这位老师决定将他从耶希瓦开除。

在他做出最终决定前，他找到卢巴维奇拉比，想听听他的意见。拉比跟他讲了犹太经典著作《拿单拉比的先辈们》中的一个故事，其中讲到祭司亚伦对众人的爱。有一次，亚伦走在路上，发现一名男子在做坏事，可能是偷东西。亚伦向这个人表达了友好之情，并说自己有多么爱他，期待他成为一个伟大的人。不久后，当这个人再次出现偷窃的冲动，就想起亚伦对他的好，于是对自己说："我怎么能这样对亚伦？他那么尊重和相信我，我怎么能让他失望？"从那以后，他不再偷盗。

---

① 根据犹太戒律，安息日不可生火。——译者注

卢巴维奇拉比想传达的观点是，教育者一定要对自己的学生表达爱。爱并不是让学生知道自己当下的高度，而是他未来可能达到的高度。教育者要用充满爱的眼光去看待学生，看到他们无限的潜能和光明的前途。如果教育者反复在学生面前强调这一观点，学生将接受他的观点，并因此得到提升。

对于那些不愿意接触外部世界的孩子，即使他们已经成年，批评也起不到作用。他们需要在取得进步和成就时得到表扬和赞赏。他们所有的积极行为都应该得到肯定。"干得漂亮，看看你自己，多厉害！""我真心为你的进步感到骄傲！"这些表扬会鼓励他们取得更多小的成功，不让他们被过高的期望压得喘不过气来。

在犹太心灵理论中，父母对孩子的这种对话就属于"提升"的话语。这种对话不管在形式还是内容上都能够让孩子感受到自己的独特性，他们明白，做坏事情根本不符合父母和他们对自己的定位。

"提升话语"必须有针对性。当看到孩子出现积极的行为，应该鼓励这一行为，不能视而不见。孩子在这方面是非常敏锐的，他们很清楚父母有没有关注到他们的行为，也很在意父母对自己所做行为的鼓励。

爱与信任紧密相连

亚伯拉罕·以撒克·库克拉比指出，在人类生活中，爱、信任以及帮助他人的愿望之间有着紧密的关系。"当一个人的心灵被信任之光照亮，他会爱所有的人……他全部的兴趣都在于提升和修复自我和他人。他们修复的方式合乎道德，正直而诚实……"

其实，孩子更是如此。拉亚兹拉比的一个基本观点是，每个人都可以发生改变。即使是品质非常恶劣的人，不管这些品质是先天还是后天获得，他都可以摆脱这些不良品质的影响，甚至"化腐朽为神奇"。这种改变自己的能力是造物主的杰作，每个人都具备。但要想改变自己，人首先要做出决定，并充分做好努力和付出的准备。阻碍人们做出改变的主要障碍是我们不相信自己能做出改变，有时也不相信我们的孩子能做出改变。人们往往认为不良品质是一个人的内在本质，而不是隐藏其优秀品质的外在品质。而且，人们之所以不相信他人能发生改变，往往是因为他们不相信自己能发生改变。

爱本质上是一种欣赏和信任。当一个人爱我们，我们会在心中问自己，哪怕是模糊地产生这样的疑问：他为什么爱我们？对于这个问题的答案会让我们变得更自信，至少我们能得出结论，我们在某个方面的确是优秀的。当一个人爱我们，我们会更好地把握自己，以免让他人失望。

有一个很有意思的研究（出处不明），人们曾对一个贫困街区的200名学生做了一个研究，并对他们未来成功的概率进行了评估。毫无疑问，研究人员给他们的打分都非常低。25年后，当再次对这些学生进行调查时，研究人员却惊讶地发现，其中居然有176人获得了令人羡慕的工作，并很好地融入了社会。

研究人员调查他们取得成功的原因时，所有受访人员都给出了同样的答案："这都是一位老师的功劳。"研究人员找到这位老师，并尝试理解他成功的教育方式，老师回答说："很简单，我爱他们。"

从这个研究中我们可以看到，父母和教育者对孩子的爱能让孩子更相信自己。

第八章 爱

有的孩子在家里表现很差,这让父母感到非常失望,但从朋友家离开后,朋友的父母却非常欣赏他,认为他品行很好;又比如,孩子在家时,父母觉得孩子总在给他们找麻烦,但在学校时,孩子在老师面前却表现好得像个天使。之所以如此,有可能是因为孩子在家中总是被批评,但在其他地方,他却能察觉别人对他的爱,这促使他做出积极的行为。同样由于爱和接受,他更愿意待在朋友家。

有时,当看到孩子身上的不足,我们会不假思索地指出孩子的问题,有时这只会让问题变得更严重。爱是用来遮挡和驱散"所有罪恶"和缺点的。父母强调孩子的不足会使其表现得更为强烈。相反,在很多时候,如果父母不去强调有哪些不足,孩子也会认为这不过是一些可以轻易克服的小问题,而并非难以应对的挑战。

卢巴维奇拉比教导我们,用积极的眼光看待孩子能强化他们的优秀品质,弱化他们的不良倾向。如果我们总是把孩子视为长不大的小孩,他们就真的无法长大。"当父母总是把孩子当作小孩对待,而孩子却总觉得自己已经长大,尤其是青少年时期的孩子,那么父母的教导、要求和命令自然会引起孩子的强烈反抗,孩子甚至会反其道而行之"。

当我们用积极的眼光看待孩子,我们不仅会看到更多的优秀品质,孩子身上不良倾向的影响力也会大大降低。哪怕一个看上去不那么优秀的孩子,当我们用这种眼光看待他,不断强调他的优秀品质,他最终也会得到提升。

父母对孩子的信任并不是基于对未来的想象,而是相信孩子确实拥有改变自己以及应对不良性格和情绪的能力。因为人不仅拥有做选择的能力,还拥有做出正确选择并获得成功的能力。

卢巴维奇拉比明确指出:"每一位父母都有责任去弥补教育中缺失的部分,正如我们的老拉比(施奈尔·扎尔曼)所强调的……每一个以色列人都拥有无尽的力量,前提是他能充分利用这些力量,去过值得过的生活。这时,外部世界……不仅不会阻止他们,相反还会帮助他们。人有能力也有义务让外部世界帮助自己。"

培养信任关系的有效方法是同孩子私下进行坦诚的交谈。在聊天过程中,孩子可尽情吐露心声,不用担心被父母批评。有内容的聊天与合作能够提升孩子的精神,强化他们的信念,改善他们的品质。父母一定要注意,在交谈过后,父母千万不要立马改变自己的态度,也不要就孩子在交谈中暴露出来的问题发表自己的意见或不满,这样才能维持和发展之前建立起的信任关系。

平等和特殊

教育的过程因人而异。每个孩子都不一样,激发他们潜能的方式也不尽相同,要求我们采用不同的教育方式。有的教育行为对某些孩子来说过于苛刻,对有的孩子来说则非常必要。或者说,对待不同的孩子,爱的具体表现形式是有差异的,但最重要的是能够让孩子感受和理解父母的爱。

在犹太经典中,以撒和以扫的故事可以很好地表达父母对孩子的爱。以撒决定把所有的祝福献给一个儿子——居然是在外人看来取得成就更小的儿子以扫。雅各和以扫这对双胞胎出生64年后,以撒把以扫叫来,说自己将在死前祝福他。以撒的妻子利百加听说此事后,赶紧让雅各穿上以扫的衣服,冒充以扫获得了父亲的祝福。

第八章 爱

关于这个故事，人们常提的一个问题是，为什么以撒只祝福一个孩子？为什么不让两个孩子平等地获得祝福呢？平等难道不是避免兄弟间相互嫉妒和仇恨的基本规则吗？

在卡巴拉和哈西德主义观点看来，以撒具有一种特殊的才能。许多人认为亚伯拉罕是一个慈善的人，而以撒则是一个"挖井的人"。"挖井"暗示他具有在深处发现事情本质的能力。"挖井的人"相信世界内在的美好，所有的宝藏都在等待着人们去发现。

以撒希望从儿子身上"挖出水来"。在以扫身上，他看到的不是各种文献中描述的负面特征，而是他巨大的潜力。他知道以扫的心灵中充满冲突，但也发现了他的优势和才华。所以他决定打破传统，只祝福以扫，祝福那个在他看来饱受内心冲突之苦、具有邪恶和残忍倾向的孩子，并通过这一决定来让他修复自己的心灵。

通过这一行为，以撒向我们展示了一种独特的教育方式。他绝不放弃任何一个孩子，永远相信孩子以及他们的能力。

根据卡巴拉主义经典著作，为了实现光和容器的匹配，我们要不断提升容器的容量。如果向一个容器中倒太多的水，部分水就会溢出来。爱的话语旨在提升孩子的"容量"，这样一来，在孩子身上，不管是光与容器、理智与情感以及情感与其所表现出来的言行之间的关系，都会变得更为匹配与和谐。爱能让孩子得到提升，让他们无条件地相信自己。一个不相信其他人爱自己的孩子，在情感上是受限的，作为容器他也无法容纳内心的光。

父母对孩子的爱能够让孩子内心也充满爱，他们会热爱自己的生活，欣然地接受面前的各种挑战。他们会爱上提升自我的内在修炼工作，以及自己在外部世界中的事业。当孩子要去一个自己很喜欢的地方，他早上会很快起床；如果强迫孩子去一个他不喜欢的地方，他起床时会表现得懒散或拖沓。起床的速度源于内心的喜悦和爱。通过无条件地爱孩子，我们可以将这种爱传递到孩子生活中的各种活动中。

上一章提出父母应当改变孩子看待世界的视角。本章指出孩子改变看待世界视角的前提条件，即让孩子在父母和教育者的一言一行中感受到无条件的爱。下一章将介绍如何确保孩子以正确的方式接受父母的爱。

第九章

不以自我为中心

"我觉得在经常祷告的那个经堂,每个人都喜欢'踩'①我。"

拉比:"谁叫你让自我膨胀到占满了整个经堂,以至于人们走到哪都会踩到你。"

拉亚兹拉比对那个人骄傲品质的批评方式很符合哈西德主义的特点。

心灵的喜悦和情绪的稳定取决于人强烈的自我意识,或说得更准确些,取决于人能否战胜这种强烈的自我意识。在一篇对话录中,为了解释情绪提升的本质,卢巴维奇拉比再次运用到身体治疗和心灵疗愈的类比。他说,人的身体上主要存在两种病。第一种病是身体的某个部分缺失或无法正常发挥机能;另一种病,身体什么都不缺,但长出了多余的东西,即肿瘤。肿瘤会伤害到其所处的器官,还会不断扩散。拉比认为,这种病不同于第一种病,所需的治疗方法也不同,单纯吃药没有用,肿瘤虽然长在身体上,但并不属于身体,没有任何作用,还会威胁到身体健康,只有将这个多余的部分切除,病才能被根治。

拉比认为,强烈的自我意识在很大程度上就像长在身体上的肿瘤。这种自我意识并非人的组成部分,而是像肿瘤一样对人造成伤害。当一个人以自我为中心,他的脑海中会产生各种令人困惑的问题和思绪:人们怎么看他?是否欣赏他?为什么自己没有得到应得的东西?诸

---

① 在希伯来语当中,"踩"一词有羞辱的意思。——译者注

第九章　不以自我为中心

如此类。当一个人克服了这种以自我为中心的自然倾向，他可以避免许多情绪问题。在最近几个世纪，骄傲和自我意识像恶性肿瘤一样在人们心中肆意扩散。这种心理虽然自古以来就存在，但在现代环境下表现得尤为明显，对人的身心也造成更大的威胁。

虽然身体治疗同心灵疗愈之间具有相似性，但拉比也指出一个显著差异：在身体上，切除肿瘤的治疗过程可能会伤害到正常的器官，但在心理和精神层面，克服骄傲和自我意识只会让人变得更加强大。

谦　卑

为了保持孩子情绪的健康，一个基础性工作就是从小教育他们认识并克服过强的自我意识。

20世纪伟大的心理治疗师和意义治疗法创始人维克多·弗兰克指出，以自我为中心是现代社会普遍存在的非常严重的问题：

另一种现象可以毫不夸张地称之为集体性自我沉浸。这一现象在美国文化中体现得尤为明显。人们不断审视自我，分析自我，试图找到自己行为背后隐藏着的动机，为自己的行为给出各种解释……在美国学生当中，自我认识和自我实现被赋予无比崇高的价值……

当孩子过分关注自己，包括自己的生活和着装，或借用哈西德教育理念的术语，当孩子只能看到自己的"存在"和"中心地位"，他们所有的行为都是为了"吮吸"，而不是给予。"吮吸"并不局限于索取，还在于他们过于在意别人对自己的看法。这种心态会让他们受到各种情绪上的威胁, 长期处在受到不良情绪影响的风险中。比如, 如果一个孩子认为一切都应该围绕着自己运行, 当他在脸书上被他人删除好友, 他一定会感到非常难受; 如果外界没有像他希望的那样以他为中心, 他也会很生气, 甚至直接退出集体活动。

当孩子由于某种失败或愿望未能达成而产生悲伤或失望的情绪, 他内心就会显现出犹太心灵理论所说的"原始品质", 这一称呼并非为了贬低这种品质, 而是指出悲伤情绪的一个主要根源。在"原始品质"的控制下, 人的精神无法得到提升, 而是处在粗俗和原始的状态下。当孩子被这种品质控制, 他一切以自我为中心, 每当没得到他人认可就会感到难过。他坚信自己和家人应该享受更好的待遇, 得到更多的好处。他为自己设置了一系列不切实际的期望。用施奈尔·扎尔曼拉比的话说, "这就是为什么贤哲们说, 原始品质就像偶像崇拜, 因为偶像崇拜在本质和根源上也是针对外在之物"。

不同于"原始品质", 谦虚则意味着人不过分关注自我。谦虚的孩子不会过分在意自己的欲望, 也不会觉得什么都是他应得的。因此, 他不会因为期望没能达成或别人的流言蜚语而感到失望, 也不会把自己的意志强加于朋友。

卡洛尼姆斯·卡尔曼·沙皮拉拉比说: "如果一个学生不努力驱逐内心中这种不良品质, 他的命运将非常悲惨。什么事情都不要指望他做成, 什么美德都无法进入他的内心, 甚至他本身拥有的优点和良好品质也会被扭曲和腐化。"

拉亚兹拉比指出, 在过去, 教育的一个重要原则就是让学生变得谦卑。"如果从小就让学生减少心中的骄傲和对物质的追求, 努力摆脱这些品质对人的控制, 那么学生会用好的品质去取代它们, 其中包括谦

第九章　不以自我为中心

卑之心。"

"谦卑"的品质同孩子的自信心密不可分。谦卑能让孩子彻底摆脱那些在内心威胁他们的因素。当一个孩子不以自我为中心，就算事情没有像他们预想的那样发展，他也不至于出现剧烈的情绪波动，甚至出现情绪崩溃的状况。他的情绪状态并不取决于他在社交、体育和成绩等方面的成败，他生活的意义和价值也不取决于任何外在之物。这一点在我们这个时代尤为重要。我们当下的文化比历史上任何时代都在意排名，许多人期待在社交平台上被点赞，许多人盲目崇拜名人。而这一切所强调的都是内心的外化，认为知名度才是重中之重。这种文化认为，所谓成功就是被大家认识和关注。犹太心灵哲学反对这种文化，认为它会给人带来很多情绪上的威胁。犹太人的教育观念鼓励人们追求内心的高度，而不是外在的成功。

当孩子不以自我为中心，他就能够更好地承认和接受自己还不够强大的方面。当然，他只会认为需要在这些方面做出改进，并不认为这是自身内在的缺陷。对于那些不良情绪和品质，他只需要用心修复即可，没必要过于惶恐。他不会因为情绪问题而自责，更不会封闭自我。假如他因为起晚了而迟到，或错过了某项重要的任务，他不会让自己被负面的情绪笼罩。当有人对他有非议，或批评了他的行为，他不会让这些话语浇灭自己心中的热火。父母在这个过程中也可发挥巨大作用，他们和孩子都应该明白什么是孩子需要修复的性格特点，并朝着这个目标共同行动，而不是无止境地指责和发脾气。他们关注的重点是当下需要完成的任务，而不是孩子曾经错过的东西。

卡洛尼姆斯·卡尔曼·沙皮拉拉比解释说，在这些情况下，孩子会相信自己的潜能，并能够对着镜子对自己说：我怎么能做出那些和我的品格不符的没意义和幼稚的事情?当他能对自己说出这些话,当他相信自己修复自我的能力,他就在改变自我,"因为心灵必然会听从发自内心的话。"

"放弃"是成功的条件

1929年,海法雷亚利学校采用"谦卑"一词作为校训。

这所学校校长试图强调的"谦卑"具备诸多特点,包括求真务实,远离夸张的行为和浮夸的语言,戒除骄傲与自私的心理。

如果我们仔细审视"谦卑"心态,可以发现其存在四个不同的层次:

在第一个层次,孩子认识到自己的优秀品质,但由于他知道骄傲是不好的品质,所以他尽可能表现得谦卑,不去炫耀自己的优秀品质;在第二个层次,孩子不仅能在行为上表现得不骄傲,内心也存有谦卑感。他能看到自己的优秀品质,但同时也能看到自己的不足,因而发自内心地认为自己不应该骄傲;在第三个层次,孩子不仅认识到自己的不足,还知道自己的优秀品质也不是骄傲的理由,因为其他拥有同样品质和能力的人可能会更充分地发挥其作用;第四个层次高于其他三个层次,在这个层次上,孩子认识到即使自己最大限度发挥了自己的能力和品质,也没有任何理由骄傲自满,因为这些品质并非自己努力获得的,而是来自上帝的礼物。

在这四个层次的孩子都在思考如何看待自己的优秀品质。在他们

第九章　不以自我为中心

看来，骄傲不但会给他们带来情绪上的危险，在道德上也不可取，所以他们努力让自己不要骄傲。

其实，对于谦卑还有另一种解释，这种解释完全不在乎孩子是否具备优秀品质，代表着更高的层次。这种谦卑来自孩子不沉浸于自我的能力，他们意识到最重要的不是自己，而是自己所处的不断变化的环境。这种意识也可被视为一种"放弃"的过程。"放弃"并非像许多人误以为的那样属于对孩子的否定或伤害，而是提升孩子的重要方式。

我们可以通过种子的生长方式来更好地理解"放弃"的概念。当种子被撒在土里，其生长的第一步是在土壤中腐烂，因为只有这样，种子才能继续发芽，继而长成能够开花结果的大树。也就是说，种子必须有所放弃，同土壤产生连接，融为一体，才能继续成长。

这个趋势在植物生长中表现得比较明显，但在其他领域又何尝不是如此。在学习时，要想深入掌握真理，学习者必须放弃个人私欲，甚至忘记自己的存在。施奈尔·扎尔曼拉比提醒我们："古代哲学家也是如此，他们放弃了个人享受，不分昼夜、全身心地投入追求智慧的伟大事业当中。"因为一旦追求个人私欲，不管他多么聪颖，也无法找到哪怕"一丁点的真理"。

我们之前已经讨论过，父母一定要看到孩子的需求，并以此为依据做出决定。这条原则要求父母一定程度上放弃自我，对孩子保持好奇和开放的态度。其实，父母应该让孩子也把这条原则运用到自己生活当中，因为这种"自我放弃"的心理并非与生俱来，而需要孩子去主动理解和实践，克服以自我为中心的自然倾向。

社交的试金石作用

教育孩子学会谦卑，应当从改变他们对朋友的态度开始。社交关系是个人幸福的重要组成部分。客观说，不管是孩子还是成人，都不喜欢那些自以为是的人，所以骄傲的人很难拥有真正的友谊。只有当孩子不再以自我为中心，不再认为所有东西都是自己应得的，他们才能同他人建立起真正的友谊，并在其中保持自己的独立性。他们不会被朋友伤害，也不会对朋友拥有各种期望。他们完全接受朋友的一切，包括他们的优点和缺点，就像他们接受自己一样。

有一个女孩向卢巴维奇拉比寻求帮助，说自己感到特别孤独。拉比要求她改变自己看待他人的方式，这也能增大她获得友谊的可能性。我们对他人的批评越少，期望越低，我们对人性就能有更深刻的理解，也更容易建立起好的朋友关系。

维持友谊的方法是，明白世上不存在拥有所有美德的完人，包括她自己。既然她自己也不完美，为什么要求她的朋友在每个方面和每个细节都尽善尽美……她当然也有一些优秀品质，随着时间推移，她将逐渐认识到这些品质，通过与朋友相处，她也会变得越来越完美。当她不断告诉自己我以上所说的话，她就能很容易找到朋友，走出孤独的处境。贤哲早就说过，每个人都要有自己的朋友。

作者和演说家西蒙·斯涅克认为，在我们所处的时代，社交网络制造了一种有局限性、缺少深度和责任感的人际关系，使人们更倾向于追求及时满足。在这种人际关系中，年轻人都知道，自己的朋友一旦发

第九章 不以自我为中心

现更有吸引力的事情，会毫不犹豫地转身离去，而且他们自己在这种情况下也会做出同样的选择，即使在道德上这并不被认可。之所以会出现这种情况，罪魁祸首并不在科技。卡洛尼姆斯·卡尔曼·沙皮拉拉比认为，是强烈的自我意识导致人们无法正确地运用自己的品质，让孩子爱那些给自己带来及时满足的东西而不是真正应该爱的东西，靠近那些不正确的事物。当人骄傲的时候，他无法真正地爱他的朋友，他爱的只是朋友对他的态度。然而，这并不是真正的爱。只有当骄傲品质和强烈的自我意识不复存在时才能产生真正的爱。谦卑的孩子则不以自我为中心，因而能够用另一种眼光看待和理解他人，甚至向他人表达爱，为他人承担责任。一个人的自我意识越弱，就越不会贬低他人抬高自己，而是让他人进入自己的生活。相反，当一个孩子觉得什么都是自己应得的，稍不如意便灰心丧气，那么他永远无法真正快乐起来。

放弃骄傲品质和强烈的自我意识，不再认为什么都属于自己，这是一个需要循序渐进和长期努力的过程，要求人们不断克服自身存在的可能导致情绪闭塞、对环境漠视并最终陷入孤立的自然倾向。

埃克斯坦拉比认为，要想从狭隘的自我中走出来，人必须"培养自己博大的胸怀，时刻为他人和社会着想，并以此为乐，就像追求个人利益一样"。

当孩子习惯不再总想着自己，他将得到一种更高层次的享受。这种享受不是及时满足，但更为深沉和持久。孩子将学会感受和理解朋友，不再觉得自己总是受到朋友的伤害。不管发生什么事情，他都不以自我为中心。他关心的不再只是自己的快乐，还包括他人的感受。相反，如果一个孩子被父母溺爱，父母也视他为"家中的皇帝"，满足他各种需求，他也因此自以为是，看不到自己的职责所在，那么，一旦期望没有实现就会陷入痛苦，难以为自己所拥有的东西感到满足和快乐。

建 议

如何教育孩子摆脱骄傲品质的影响，改变以自我为中心的视角？每一种情绪，一旦产生，都可能不断蔓延和发展。当父母教孩子不要表现得软弱，被欺负了应该打回来，那么这种心态就可能在孩子身上不断发展。当孩子走出家门，他很难对外界充满爱和包容。

为了教育孩子学会向他人付出和表达爱，首先应当让孩子从改善同朋友的关系入手。不同于大人，孩子之间的关系更近。父母应该让孩子学会将爱融入同其他孩子的交往当中。犹太心灵理论解释说，人应当让这种关系尽可能和谐而美好。

为了鼓励孩子为他人付出，增强其对他人的感情，卢巴维奇拉比给出了几条具有较强操作性的建议，应当尽早融入对孩子的教育实践当中。

故事

讲述关于爱和给予的故事有助于孩子理解爱的概念。比如，许多学者在教育过程中，用故事告诉孩子们，必须用积极的眼光看待他人，尊重他人，即使其行为方式与我们不同。

父母要向孩子们解释，不同的意见对他们并不是一种威胁，也不构成我们不相信自己或他人的理由。朋友当然可以同我们意见相左，这并不构成对我们的伤害。

合作

父母要鼓励孩子同别人分享自己的东西，而不是一味守护自己的

第九章 不以自我为中心

东西。具体而言，父母可以鼓励孩子在节日之外的场合也给朋友送一些礼物。通过分享食物和糖果，孩子将明白自己的东西并不一定要自己一个人享用。

捐赠和参加志愿者活动

在孩子还小的时候就可让他们习惯于把自己的物品和金钱送给那些同自己没有任何关系的人，这一行为中蕴含的情感比送朋友礼物更强烈。一开始可以让他们往募捐箱里投一些硬币，或给有需要的人捐钱或提供帮助。也可以找一些如环境保护、拯救野生动物等意义重大的使命，鼓励孩子为此存钱，定期捐赠。除了捐赠，还可以让孩子参加面对青少年的各种志愿者活动，不管是给有困难的人辅导功课还是提供其他支持和帮助。

设立基金或捐助平台

另一个建议是让孩子设立基金，通过这个平台将他们的金钱或物品捐赠出去。比如，孩子可以用自己的钱买一些钢笔、铅笔和彩笔，把这些信息发布到网络，让有需要的人领取。孩子们还可以共同创作一些作品，当有同学过生日时可以当作礼物送出去。还可以扩大这些项目的规模，让更多的孩子加入进来。但最重要的是，一定要让孩子自己来运营这个捐助平台，这样才能增强他们的责任感，让他们对这件事更有干劲和激情。

关心

一般存在两种形式的给予。一种是捐钱或捐实物；另一种是给予关心。孩子有必要鼓励孩子养成关心他人的习惯，这主要表现为倾听和对他人的责任感。孩子应该乐于向朋友讲解他们不懂的问题，并为此付出相应的时间。

施奈尔·扎尔曼拉比在这方面有过论述。在《教诲》的前言部分他提到古代贤者的一篇文章。这篇文章中说,当一个能够教的人遇到愿意学的人,这种相遇可以让两个人都得到提升。拉比指出,如果一个孩子为朋友讲解某种知识,不仅他的朋友能从中受益,他自己也能得到提高。在实践层面,这个孩子能够更深入地理解他教他人的内容;在内在层面,他也会产生新的领悟。他学习的目的不仅是为了取得成就或掌握知识,还为了分享和帮助他人提高,拥有这种心态能让他成为更好的学生,使他的内心得到提升。

感恩

另一条同"放弃"相关的建议是让孩子学会在每一刻都心存感激。这意味着不抱怨、不失望,满足自己所有拥有的东西。感恩能给人带来喜悦,让人更全面地看待事物。感恩是对现状的接纳和认可,能避免孩子拥有过高的期望,学会欣赏自己和周围的美好。一个懂得感恩的人能够发现事物本身的价值,不会陷入受害者心态,而是认为一切都是他人充满爱的给予,因此他感恩自己所获得的一切。

感恩是犹太人生活的有机组成部分,是孩子生命当中不可或缺的精神食粮,其重要性甚至比物质上的食物更重要。施奈尔·扎尔曼拉比教导人们,感恩给人带来的喜悦犹如一个人突然继承了一大笔财产。父母有责任让孩子时刻学会感恩,从而继承这笔生命的财富。

感恩还能提升孩子自身的价值感,让他们更加认同自己所处的现实。他会认为自己遇见和接受的一切都是专门为他准备的,这其中充满着对他的爱。

第九章　不以自我为中心

两张字条，一条道路

根据到目前为止的介绍，犹太心灵理论似乎存在一个根本性的矛盾。一方面，哈西德主义鼓励父母培养孩子的自信，让他们相信自己的力量、内在潜能和打破一切局限的能力；另一方面，哈西德主义认为教育的根本原则就是不让孩子以自我为中心，不要认为自己是自我提升的关键。

西姆查·波尼姆拉比曾有这样一句名言：每个人应当在两个口袋中各放一张字条，一张上写着："人要说，世界为我而创造。"另一张上写着："我是灰尘。"

这两句话看似代表着两个完全相反的方向：既要认识到自己的价值和意义，又不能以自我为中心。

但根据哈西德主义的观点，这两句话并不矛盾，而是相辅相成，为人们指明了一条正确的道路。为了发现其内在力量，孩子必须放弃以自我为中心的自然倾向。否则，他只能发现一个自私和不完整的自我，无法看到自身的完整性。

之所以说"世界为我而创造"，是因为每个人在生命当中都有一条属于自己的道路。但自然生命会遮蔽这条道路。在希伯来语当中，"世界"一词的词根同"遮蔽"相同，所以，世界之所以被创造，就是为了让人去移除这种"遮蔽"。只有这样，人才会发现生命中的每一刻都有其目的，自己同外部世界的每一次相遇都有特殊的意义，这些目的和意义共同构成属于他的道路。只有当一个人关注自身之外的现实，同时不忘自己在其中的责任，才能走上这条属于自己的正确道路。

不安于现状，一切从实际出发

孩子既要相信自己，又不能以自我为中心。这一观点实际上也明确了父母的教育目标。的确，爱孩子就意味着要相信孩子的力量。但卡洛尼姆斯·卡尔曼·沙皮拉拉比从另一个角度对这个问题进行了阐释。他提出，自以为是的孩子最大的问题是他们满足于现状，不愿意做出改变。拉比认为，自我辩护，即"一个人认为自己永远是正确的"，是"恶中之恶"。为何如此？因为一旦进行自我辩护，这个人就不会对自己提出更高的要求，而是满足于自己的现状。他会对自己说："我很好，我聪明而正直，我大可以相信自己的智慧，并朝着这条路继续走去。"相反，如果一个孩子不自以为是，他就不会满足于自己已经取得的成就，而是坚信自己可以走得更远，飞得更高。

同时，所有教育工作都必须有可操作性，必须同孩子个人的"道路"相适应。拉亚兹拉比认为，如果教育者试图在短时间把学生提升到一个不切实际的高度，同时拥有各种优秀品质和能力，"这样不仅不会产生任何修复和提升作用，还会适得其反，毁掉这个学生。"

长远看来，给孩子设置不切实际的教育目标会给孩子带来过大的压力，不利于孩子的成长。在这种情况下，孩子无法专注于自身的提高，也无法在适合自己的道路上稳步前行。拉亚兹拉比提醒人们："父母既不能完全不关心孩子，只在乎自己，同时也不能一天到晚只想着孩子。"因为后一种情况往往意味着父母会对孩子提出不切实际的要求。

当一个孩子试图修复自己所有方面的问题，这就说明他在做超出自己能力的事情，在提升自我的工作上对自己提出了过高的要求。理想状况下，孩子应当应对一些同自己能力相匹配的挑战，不去多想那些对

第九章　不以自我为中心

自己来说层次太高的挑战。"当处在真实状态下，他不关心高于自己层次的方法、戒律和美德，而是关心自己所在层次的事情，这才是真正的关心。"

总而言之，正如下一章要展开讨论的一样，在改变孩子之前，我们要确定现实可行的方法，设置符合实际情况的步骤。

需要强调的是，明确孩子所处的高度，并处理与之相应的问题，之所以重要，还由于自信和勇于接受挑战的心态同漠视权威的外在表现非常相似，以至于有时很难区分二者。这两种心理活动都可能表现为勇于打破边界和现状，以及心中没有任何对现实的忧虑。一个孩子可能看上去非常有安全感，相信自己的内在的力量，但这很可能是假象，实际上他只是放弃了自己的责任，很可能因此在情绪和责任上付出巨大的代价。

拉亚兹拉比提出了两条区分自信和漠视权威的标准，这也是二者的本质区别所在：第一，当一个孩子很自信，他不会总想着自己，他的行为也不是围绕自己。相反，当一个人漠视权威，他只想着自己，只关心个人的享受。第二，一个自信的人会思考未来，并相信未来会朝好的方向发展；而一个漠视权威的孩子不会关心未来，只在乎当下的满足。

犹太人的棉花糖实验

为了让孩子不以自我为中心，必须培养他们控制自己冲动和欲望的能力，这两者也有着密切的联系。著名的棉花糖实验就证明了犹太人的教育观（具体而言是哈西德主义教育观）中一个主要观点：自控能力直接关系到一个人能否成功，不管是在情绪上还是在应对外部挑战上。

棉花糖实验是一项始于20世纪60年代的研究，持续了很长时间。在实验中，每个孩子可以选择立即得到一个奖励，比如一颗棉花糖，或选择等待更长时间得到更多的奖励，比如两颗棉花糖。通过长期跟踪调查这些孩子，这项实验发现，自制力与孩子未来的成功之间有着密切的关系，那些在实验中愿意等待更长时间的孩子，在成年后表现出更强的社交能力和认知能力。他们的自我价值感更强，更愿意为自己的目标付出艰辛的努力，应对挫折和抗压的能力更强，染上不良嗜好或身体肥胖的几率也更低。

对于一个熟悉犹太教育观点的人，棉花糖实验的结果并不令人意外。犹太教育一直要求孩子控制自己，抑制自己的冲动和负面品质，在任何情况下都要避免不良的行为、言语和思想。可以说，这同犹太人在历史上取得的诸多成就不无关系。为了强调对自身不良倾向的控制，强行改变自己的行为方式，犹太心灵理论提出了"自我强迫"的概念。自我强迫是提升和审视自我的结果，在这种状态下，孩子仍然被不好的事情吸引，但他能通过意志力强行改变自己的行为。在这一阶段，孩子并没有被积极的事物吸引，因此缺少动力。只有当孩子进入下一个阶段，即"自我转换"，才能真正被积极的事物吸引。但不管怎样，自我强迫在教育过程当中非常重要，能够帮助孩子控制自身自然和原始的倾向，不让这些不良倾向导致他们情绪和行为的恶化。

《教诲》当中举过贤哲通过推迟吃饭时间来践行自我强迫原则的例子："比如，学生很想吃饭，但他推迟一个小时左右吃饭，并在这段时间继续学习经典。《革马拉》中写道，贤哲的学生会比常人晚两小时吃饭。让他们饿两个小时的目的也是如此，虽然饭后他们也得继续学习。"

第九章　不以自我为中心

如果饭后学生反正要回到座位上继续学习，推迟两个小时吃饭的价值是什么？其价值在于，他们在这段时间战胜了吃饭的欲望。这虽然只是一天中的一件小事，但孩子已经在生命中体验到自我强迫对他们产生的影响，表现出战胜自己欲望和冲动的能力，也向自己证明了他们的自制力。

自我强迫在每个年龄阶段都可发挥巨大作用。但是这种方法在青少年时期尤为重要。这一时期他们能量充沛，"热血沸腾"，如果在青少年时期他们能够学会控制自己的情绪和欲望，那么他们终其一生都将具备这种能力。因此施奈尔·扎尔曼拉比说："在孩子力量最充沛、自我意识最强的时候，自我强迫是最有效的方法，这种能力伴随他们一生，其影响力将一直持续到他们暮年。"

自我强迫中蕴含的抑制自私欲望的力量正是献身精神的力量。

如前所述，献身精神是一种能够超越各种困难和约束的力量，让人不再选择心灰意冷或自暴自弃。它让人放弃当下的欲望，为更伟大的事业奉献一切，甚至不计个人的得失。

在犹太人看来，献身精神是为了追求一种更有内涵和创造性的生活。为了更重要和长远的事业，人们必须放弃一些渺小和短暂的欲望。为了让孩子放弃低层次的个人追求，他们要在自己重要的事情上拥有自我牺牲的精神。如果一个孩子决定从事某项运动，他必须放弃许多其他欲望，才能在这项运动上取得更大的成就；如果一个孩子希望学有所成，他必须愿意全身心投入，他的注意力才不会分散，才能抵抗住各种诱惑。只有在看似平凡的日常生活中拥有献身精神，孩子才能获得来自心灵的创造力，这种创造力将帮助他创造各种新事物，并为此付出持续的努力。如果我们不让孩子在这些方面付出努力，不支持他们去实现自己的一些想法或梦想，我们影响到的不仅是具体的事情，还会伤害到他们献身精神的力量，而这一力量正是我们希望他们拥有的。献身精神不属于理智层面的力量，而是高于理智，因此，每当孩子表现出这种力量时我们都应该鼓励他们。当他们为一件事情付出超乎寻常的努力，毫不在乎所需面对的困难，他们就表现出献身精神的力量，与此同时他们还可能在情感上得到提升，取得平常无法取得的成就。

希姆昂·巴尔·约哈伊拉比的棉花糖实验

然而，教育的主要目的并非自我强迫和控制，而是让孩子发现内在自我，从而主动选择正确的情绪和生命观。我们要让孩子主动引导自己的理智和情绪。强行抑制自私欲望不过是实现这一目的的手段。

我们可以通过希姆昂·巴尔·约哈伊拉比对学生的"棉花糖实验"来更好地理解这个问题。《米德拉什》中写道：

希姆昂·巴尔·约哈伊拉比的一个学生去到国外成了富人。其他学生看到后感到很嫉妒。他们也想离开以色列。希姆昂·巴尔·约哈伊拉比把这些学生带到一个山谷，做完祷告后他说：这个山谷里到处是金币。说完，山谷深处就出现了金币。拉比说，如果你们想要的是金币，那就拿走吧。但要知道，谁放弃了学习，来世也会放弃他。

希姆昂·巴尔·约哈伊拉比相当于给学生设置了一个"棉花糖实验"。选择来世的美好生活，还是现世的金币。但哈西德主义理论试图从另一个角度理解这个故事：来世的回报也不应该成为人们主要的动力

第九章　不以自我为中心

来源。希姆昂·巴尔·约哈伊拉比其实是想告诉学生，他们在学习上付出的努力本来就价值连城，所以他说，你们可以取走自己的金币，看看你们的行为在现世的价值。但学生看不到这一点。只有当拥有更宽广的视野，他们才会发现，金币其实就在他们脚下。

根据"自我转换"原则，为一个更有意义的愿望去战胜一个转瞬即逝的欲望，本身就可以提升孩子的高度。最终，他们不再需要经历内心斗争，而是采用更宽广的视角去发现自己所行之事的意义，产生正确的情绪。一个孩子为了考试取得好成绩而放弃和朋友出去玩，选择在家学习，如果他能看到这个选择的价值，他会为此感到开心，不会因为没能出去玩而感到懊恼不已。这时，自我放弃和自我强迫转化为孩子主动的选择，实现了"自我转换"。

当孩子口袋中时刻装着那两张字条，当他相信自己，相信父母对他的爱，并相信这个世界没有同他作对，而是在积极帮助他。与此同时，他还不以自我为中心，那么，他自然会相信自己能够对这个世界产生影响。下一章讨论的是如何让孩子认识到自己的独特性和生命中每一刻的价值。

第十章

影响一切

取悦他人的心态以及对自己缺乏信念

卡洛尼姆斯·卡尔曼·沙皮拉拉比解释道，总是尝试取悦他人，一旦被人嘲讽就感到羞愧难当，这其实是一种"顽疾"。这种人在身体和心灵上均受制于人，除了自己，谁都可以影响和控制他。

在拉比看来，这种疾病源于童年时教育者剥夺了孩子独立思考的意识，让他们习惯于通过旁人的思想来评价自己的言行。"如果我这样做，我在他们心中就是个好孩子。如果我这样做，他们就会同我一起玩。"

如果一个人总是尝试取悦他人，就说明他对自己缺少信念，不相信自己选择的道路。在孩子成长初期，他们的确要从外界吸收各种知识和观点，因为他们还不知道什么对自己重要，也不知道如何做决定。但教育的最终目的是让他们拥有主见，选择属于自己的道路，而不是做任何事情都为了"让别人留下更好的印象"。

虽然这听上去有些出乎人们意料，但在卡洛尼姆斯·卡尔曼·沙皮拉拉比看来，自我贬低和缺少主见同原始品质和自我中心意识之间有着密切关系。在这些孩子看来，这个世界"已然堕落"，所以他们学会在某些社会集体面前放弃自我，但在那些看似比自己更弱的人面前，他们又会表现得非常傲慢。

第十章　影响一切

要根除这种取悦环境的"顽疾"，单纯给孩子提供观点是不够的，而是要让他们拥有主见，而不是盲从，或难以接受同自己相左的意见和观点。卡洛尼姆斯·卡尔曼·沙皮拉拉比解释说，一个有主见的人不会随波逐流。

然而，什么是主见？如何让孩子拥有主见？

影响世界的力量

"妈妈，我能再看三集动画片吗？"

"不行！这些动画片对你没什么好处。"

"好吧，那再看两集？"

"我只同意你再看一集。"

到底要不要让孩子看动画片？花高价请保姆来照顾孩子，还是父母抽出更多时间和精力来陪孩子？这并不是我们在此处讨论的重点。但对话中的那个小女孩的父母根本没有对节目类型和内容做任何了解就武断地下了结论。长此以往，小女孩会认为自己永远是一个弱者，自己的观点完全不重要，她始终会受到外界力量管控。这样一来，电视节目的内容也更容易影响到她，不管这是否是她想要得到的结果。

要想拥有"主见"，孩子首先要对自己以及自己的地位有信念，相信自己所有的行为、想法和话语都会对世界产生影响。

当孩子不相信自己行为的价值，不相信自己能够影响世界，他们会感到生活缺少意义和价值，感到空虚，似乎只有取悦他人或得到他人认可才能让他们获得某种充实感。简言之，在这种状态下，孩子只会被外界影响，无法影响外界。

父母的重要任务就是让孩子看到自己每一个行为的价值所在，并积极投身其中。这种价值并不取决于他在比赛或考试中取得的成绩，而存在于日常生活中那些看似微不足道的每一个行为、话语和想法当中。父母决不能让孩子觉得自己没有价值或无法影响世界，这只会阻碍他们的成长和进步。

这种价值和影响力同孩子的独立性也有着密切的关系。比如，当我们允许孩子在厨房独自做一道菜，他们会感到自己很独立，觉得我们需要他们的帮助；而如果我们总是担心他们把厨房弄得一团糟，他们就无法得到这种价值感和独立感。当孩子再大一些，面对一些更为艰巨的任务，道理也是如此。如果我们总是担心他们做不好，因而事事亲力亲为，这只能说明我们自己的内心不够强大，我们的软弱让我们剥夺了孩子的价值感和影响世界的能力，最终让他们也成为软弱的人。

需要强调的是，这里所说的孩子影响世界的能力并非一种心理暗示，而是本来如此，孩子的每一个行为确实可以影响现实世界。以色列·本·以利撒拉比强调，每个人都是一个小世界，这个世界同外部世界具有一致性。犹太教育思想还认为，世界的每一刻都是为每个人精心安排的，只不过不是每个人都能意识到这一点。只有当一个人能够大声说出"世界为我而创造"，他才真正承担起生命的责任，他的所有话语、思想和行为也因此具有更高的价值。可以说，人的每一个活动都可以对世界起到关键性作用。由于"世界为我而创造"，提高自我成为人被创造的主要目的。通过自我提高，人可以超越生活的平凡感，发现和

第十章　影响一切

揭示世界的内在本质。当拥有这种生命观，孩子不再需要追求名声，他生活中所谓的重大事件也失去了原本的意义，因为他生命中的每一刻都被赋予重大的意义，每一件事都是重大事件，他无时无刻不在通过自己的言行和思考影响着世界的每一个角落。

据说，哈西德主义学者在成人礼前都被要求准备三篇关于圣经的文章：第一篇文章在仪式期间对所有人背诵，目的是让他们适应在众人面前演讲；第二篇文章只需在他们父亲面前演讲；第三篇文章他们独自朗读，没有任何人在场。但在仪式前，他们并不知道哪篇文章用于哪个场合，所以他们需要认真地准备每一篇文章。之所以这样做，目的就是让孩子明白，决定演讲重要程度的不是在场人数，而是他的准备、学习以及演讲的过程本身。

孩子对自己影响现实的能力的信念，也同他们的完整性相关。内在完整性并非源于孩子学习成绩、社交关系或父母的社会经济实力，而首先在于孩子能够找到自信，战胜内心的恐惧。当明白在自己所生活的现实当中自身的价值和使命所在，他们就能发现内在的力量。

根据哈西德理论，孩子所有好的活动，不管是在思想还是行为上，都能为这个世界带来光。光能驱逐世界的黑暗，不管是在外部世界还是孩子的个人世界。

不要妥协

人们常抱怨自己无法影响世界或改变事态，其实这是每个人内心斗争的产物，孩子也不例外。内心斗争往往让人意志消沉。人不相信自己对世界的影响，无非是不想付出努力。所有的抱怨和叹息都源于对自己缺乏信念,对人百害而无一利。孩子可以明白,也应该明白,生命中的每一刻都有着特殊的意义,哪怕自己没有在社交媒体上被点赞,或没有成为报纸上的名人。

只有对自己充满信念,孩子才能勇于面对各种挫折,摆脱不良品质的影响,并用优秀品质取而代之。但需要强调的是,对自己的信念并非认为自己"无所不能",而是相信自己行为的重要性,然而坚定地去实现自己的目标。这种信念能帮助孩子对当下的任务充满信心。

父母要时刻鼓励孩子保持对自己的信念。为此,父母要反复向孩子强调,他们能够决定自己的世界,也拥有对现实的影响力。父母不应该取代孩子来做决定,而应该鼓励并帮助他们分析形势,最终让他们自己做决定。

孩子应该相信自己能影响现实,并相信自己能战胜不良品质和倾向。这种信念并不局限于精神世界,而应当渗透到孩子日常生活的各个方面。比如,他们可以也应该相信自己能影响和控制自己的身体,决定自己吃什么,何时吃,吃多少,或自己应该做哪些锻炼。控制自己的身体非常重要,因为当孩子做到这一点,他们会进而明白自己能够控制自己的冲动和欲望。

有时,和成年人一样,只有当孩子感到自己的行为首先能对身边的人和事产生影响,他人会对他们有所回应,他们才会认识到自己能够对现实产生影响。因此,每当孩子完成一个任务,父母都应该给予关注,提供反馈,并做出一些行动上的改变。反馈的目的是让孩子相信自己所做的事情有价值。所以,不管孩子处在什么年龄阶段,当他们试图在我们面前展示自己努力的成果时,不管是一幅画还是一张照片，父母都不要说自己没时间，或表现得毫不在乎。对于年龄大一些的孩子，父母不要轻易否认他们的想法或计划，否则会伤害到他们对自己以及自己影响力的信心。即使这些计划在父母看来没有可行性，父母也要仔细地分析这一计划，耐心地向孩子解释该计划不可行的原因，对他们提出这一计划的勇气和能力表示赞赏，并陪他们一起修改、发展和推进这一计划。当我们总是否定或拒绝孩子提出的建议或计划，即使是出于对他们的保护，不想让他们经历失败的痛苦，客观上也会逐渐削弱甚至摧毁孩子的信心，以及他们对通过自身努力实现改变和获得成功的信念。

孩子相信自己生命中的每一刻都具有意义，从而进一步坚定他们对自己的信念。一个感到生活无聊的孩子不会认为每一刻都对自己很重要，也不会相信自己能够影响当下。如果不加干预，这种消极的感受会不断发展，最终在他们的心灵中占据主导地位。其实，同成年人一样，孩子也需要知道自己行为的价值所在。我们的职责就是帮助他们意识到这一点。

相信自己的价值所在，这一信念也应该体现在孩子之间的交流中。父母应该引导孩子们相互鼓励，通过友好的对话去鼓励朋友做出正确的决定，并时刻记住，自己在生活中拥有选择的力量，"整个世界"都相信他们能够战胜眼前的困难。

一切源于你

当一个人认为自己缺少价值，他就会进而认为自己的行为不重要，自己做不了什么惊天动地的大事，更不相信自己能对世界产生影响。《密西拿》中写道: "要知道, 在你之上还有上帝。"这句话的字面意思是提醒人们世上存在比人更崇高的力量, 但以色列·本·以利撒拉比对此做出了不同的诠释, 将希伯来语当中表示"比"的介词理解为"源于", 从而将这句话变为, 人的行为具有崇高性, 世上所有的事都源于人的选择。

因为我们感到自己卑微, 所以不相信自己能对世界产生影响。如果我们能相信这些, 那么我们在学习时会怀着喜悦和畏惧之情, 我们也会注意每一个迹象、运动和语言⋯⋯

以色列·本·以利撒拉比强调, 包括孩子在内的每个人都要时刻意识到"有一个梯子从地下一直通往上天, 人所有的行为和语言都会对上天产生影响⋯⋯"

相反, 如果一个人总是对自己说: "我怎么可能改变现实? 我这微不足道的行为能起什么作用? 我能有什么价值?"他不仅对自己的判断有误, 还会伤害到整个世界发生改变的能力。

当孩子缺乏对自己的信念, 他也不会相信自己拥有改变外界和改变自我的能力。以色列·本·以利撒拉比认为每个人都拥有巨大的潜力, 内心世界的一切都取决于个人选择。当一个人不欣赏自己, 看不到自己内在的完整性, 认为自己没有任何价值, 那么他也不会相信自己有能力对世界产生任何实质影响。

认识到自己能够影响世界至关重要, 以至于以色列·本·以利撒拉比说: "每个人都要坚信, 当他摇动自己的小拇指, 整个精神世界都会颤动。"人所有的行为、话语和思想都会对现世和更崇高的世界产生

第十章　影响一切

影响。当一个人认识到自己的影响力，他也会认识到自己的价值，这样一来，他人生中的每一刻都不会无聊或没有意义。

观众还是选手?

卢巴维奇拉比认为，孩子对自己的信念表现为他们能够积极地参与生活。在他开始领导哈西德运动的时候，有一位父亲带着即将过成人礼的儿子来请教卢巴维奇拉比，请求得到他的祝福。当时哈西德运动的规模还十分有限，犹太人还没有从大屠杀和俄国政府对他们的迫害中走出来。"耶西德"①谈话结束前，得知这个男孩是一个棒球球迷，拉比同他就这个话题聊了起来。

"你喜欢哪支球队? 是纽约洋基队还是洛杉矶道奇队? "

"道奇队。"

"你父亲也像你一样喜欢这支球队吗? "

"他没有。"

"父亲带你去看过比赛吗? "

"他有时会带我去现场。最近一次看比赛是一个月前。"

"那场比赛怎么样? "

"很令人失望。在第6局道奇队已经2比9落后，所以我们提前退场了。"

"你退场时，比赛选手退场了吗? "

———————————

①　"耶西德"指拉比与请教者的单独谈话。——译者注

"拉比,选手是不能在比赛过程中离开的。"

"为什么不能?跟我解释一下。"

接下来,男孩向拉比解释选手和球迷的区别。观众可以随时离开,而选手必须坚持到比赛结束。

听完解释,拉比对男孩说,这正是他想告诉你的道理。人可以选择成为观众,也可以选择成为选手,"一定要选择成为选手!"

当一个人选择参加比赛,并为之拼搏,他实际上就选择了影响世界。拉亚兹拉比说:"一个行为好于一千声叹息。"叹息给人一种虚假的满足感。由于这种满足,人们不再采取行动修复本应修复的问题。当我们总是像观众一样去叹息和抱怨,我们会错误地认为自己已经把能做的事情都做了。埃克斯坦拉比认为,成为观众的危险在于人容易自我孤立和脱离环境,或沉溺于享乐。当坐在高高的看台上观看人生,人们就不再愿意去参与人生。不管是成年人还是孩子,他们都会想,既然已经舒舒服服地坐在看台上,为什么还要亲自尝试?有什么必要去经历各种冲突、挫折和失败?为什么要一次又一次地证明自己的软弱和不足?"为什么不能留在看台上超脱地俯视众生?"

人之所以选择置身事外,存在多种原因:可能是出于恐惧、骄傲或希望同他人保持距离;可能因为对自己缺乏信念,或认为自己已经了解了某一事物,没有必要再经历一遍。比如,有的孩子已经对某个问题有所了解,就不想继续学习,认为该知道的都知道了。由于这种肤浅的认识,他很难深入和全面掌握这一问题。

不管是为了产生内部变化还是外部变化,都需要人们去实践,通过实践人们才能对生活产生真知灼见,而这些真知灼见又能进一步让人

认识到这些行为的重要性和自己的责任。行动让人不再眼高手低，而是
脚踏实地，承担起生命的责任。这种积极性和参与感的前提在于人同世
界的连接、对世界的关心，以及自己的归属感，这三者也是保持心灵平
静的重要因素。孩子应该通过学习明白自己归属于许多群体，能够影响
这些群体，并要对它们负责，这些群体包括家庭、朋友、小区乃至整个
世界。当孩子觉得什么事情都同自己没关系，他们会缺少行动力，只会
从远处打量着这个世界。相反，如果他们意识到自己的职责，他们就会
充满喜悦地影响和改变世界。父母有必要从小培养孩子的责任感和参与
感，比如让他们捡起街道上的零食包装袋。这样做的意义不仅在于维
持街道的整洁，还在于培养孩子的参与感，避免孩子形成事不关己的
心态。

心会追随行为

即使孩子对外界、自己的生活以及自己从事的活动没有归属感和
责任感，行动也很重要，其价值不仅在于实践层面，更重要在于情绪和
心理层面。行动能够带来内心的改变，而且这种改变不依赖于人的理解
和成就。犹太经典《教育之书》当中解释了行为如何影响人的内心，并
最终使人同环境产生紧密的联系。原文中写道：

要知道，人的外部行为能驱动他的内心，他的内心和想法会追随
他的行为，不论行为好坏。

哪怕一个人心中具有严重的负面倾向，每日都沉湎于负面思想当
中，但如果他不懈努力，积极作为，做符合托拉和戒律的事情，那么即

使他并不这样打算，他也会很快朝好的方向发展，这些积极的事情会成为他的目标。在积极行为的力量下，邪恶的冲动将消亡，因为他的心会追随这些积极的行为。

相反，不管一个人内心多么纯净，心灵多么健康，如果他做的事情不正经，"他迟早会偏离正义，走向邪恶"。

《教育之书》总结道："这条真理许多人都明白，那就是，人的外部行为能驱动他的内心……当我们做出好的行为，我们就会成为更好的人……"

这一原则对父母有很强的指导意义。具体而言，有时父母说太多没用，不如让孩子动起来，走出去，做事情，哪怕他们一开始缺少积极性。因为外在的变化最终会带来内心的变化。

我们之前提过，孩子的负面情绪有时并非他们内心的真实体现，而具有外部性。根据这种观点，外在行为可以改变负面情绪，最终改变孩子的内在自我。这就是为什么很多时候孩子们不愿意出门参加活动，但真正出去了，又乐在其中，能发现这些活动的价值。这说明出门参加活动本身可以对孩子的内在自我产生影响。

关于外在改变对内在改变的影响，哈西德运动哈巴德第三代大拉比梅赫纳姆·门德尔·施内尔森拉比认为，当我们让自己或让孩子表现出很开心的样子，"即使一开始是装出来的，最终这些行为也会让你感到开心，因为心会追随人的行为……上帝会让人充满喜悦感"。

生活中人们有时难免感到难过、苦闷、生气、失望或慵懒，但很多时候，我们表现出的乐观态度能够帮助孩子战胜这些限制性的情绪。

第十章　影响一切

当我们不在孩子面前抱怨，我们实际上是在鼓励他们乐观地面对人生，满足自己所拥有的东西，他们也因而会用同样的方式鼓励身边的朋友。我们要用行动告诉他们，不要怨天尤人，不要只看到生活中的缺憾。我们所表达出的对外界的满足远远好于我们一方面批评他们说："为什么你们一天到晚抱怨不断，愁眉苦脸？"另一方面自己又怨天尤人，同孩子没什么两样。

我们可以向年轻人解释，有时人们愁眉不展，很难露出笑容，这很正常。由于人有两个心灵在作斗争，内心本来就存在矛盾，所以人的外在表现同内心感受不一致并非是一种虚伪或做作的表现，除非人只存在一种心灵。战胜不良内在倾向带来的外在表现恰恰是发现崇高心灵和内在完整性的方法，能帮助崇高心灵战胜自然心灵。

孩子经常出现的另一个问题是做事情三分钟热度。比如报名参加某个兴趣班，一开始他热情高涨，但没过多久就觉得这个兴趣班索然无味。出现这种情况有多种原因：用犹太心灵理论的术语来解释，他的内心可能被积极的光照亮，因此产生了影响到他情绪的愿望，但他内心缺少容纳光的容器，因此光无法继续存在，使他无法持续保持这种行为状态。另一种可能是孩子在将愿望转化为行动的尝试中碰到困难，削弱了他对这一行为的热情，挫伤了他对自己能力的信心。还有一种可能是，孩子心中产生了另一种愿望，取代了之前的愿望。事实上，孩子的热情如果在一开始未能转化为行动，很可能会让他们内心感到难过。这种悲伤感会让孩子更难实现光和容器的匹配，偏离健康的行为模式。

父母不能强迫孩子做他们不愿意做的事情。当孩子出现三分钟热度的现象，我们要鼓励他们，让他们行动起来，哪怕只是完成一些简单的任务，只有这样才能让他们内心重新被照亮，出现合理的容器。为了增强孩子的积极性，我们不能用批评的语气，比如对他们说："为了让你参加这个兴趣班我付出了很多，你现在说不去就不去了？"要记住，鼓励孩子参加各种活动，最终目的是为了让他们发现自己内在的力量。

如何保持孩子做事情的动力？如何说服他们勇敢地走上"赛场"参加比赛？

分配角色

保持孩子积极性的方法之一是给他们分配角色和赋予责任。角色的设定能让他们感到这些活动并不无聊，而是很有意义。

找到适合孩子的角色需要父母充分发挥极大的创造性，但这项工作必不可少。当孩子明白自己的角色，他们会主动做更多同角色相关的事情。给孩子分配角色，让他们积极作为，能帮助他们充分发现自己的力量，增强他们的自信心和情绪上的稳定性。当孩子发现自己小有成就，或别人能够听从他的指导，削弱他们动力的干扰性因素自然会被解除。

分配角色同赋予责任密不可分。当孩子承担起自己生活的责任，比如早起、安排学习和娱乐的时间以及打扫自己房间，他们会更加认同自己的角色。前提是他们能意识到这是他们自己的事情，而不是父母得帮他们完成的事情。

承担责任有助于孩子发现自己的崇高品质。肖洛姆·多夫伯尔·施内尔松拉比曾说过一个故事，一个国王为了检验王子是否有能力继承王位，把他派到遥远的地方完成一个任务。只有身处异地，这位王子的真实品质才能得以体现。其实，即使哪也不去，留在王宫，这些品

第十章　影响一切

质也客观存在于王子的内心，但只有当他需要远离王宫的地方去独自应对各种艰难现实时，他才能真正发现自己身上的品质。

改变氛围

很多时候，快乐的氛围能够让人远离悲伤。听上几首欢快的歌，跳上一支舞，读一个鼓舞人心的故事，或改变生活中一些习以为常的事情，都有助于心灵的提升，让我们至少在短时间内不再沉浸于不良情绪倾向、烦恼和困惑当中。

哪怕做到在叫孩子起床时不要大喊大叫，不给他们施加太大压力，在哄他们睡觉时多一些爱的表达，都可以改善他们的情绪，营造一种积极的整体氛围。

有时，当尝试与孩子谈心，试图改变他们某种想法时，我们会发现，由于情感阻塞，我们同孩子之间始终隔着一道难以逾越的高墙。这种时候，有必要改变家里的氛围，而不是强行要求孩子理解我们并改变自己的观点，因为在这些情况下，与其说理，不如改变氛围，直击人心。

有一个人精神涣散，思想凌乱，想的都是些不重要的事情，而且这些事情之间缺少关联。这个人希望提升自己的心灵，聚焦自己的思想，但力不从心。那天晚上。他参加托拉节的庆祝仪式，尽情跳舞，所有的问题突然迎刃而解。如果他不去跳舞，他的心灵会继续处于虚弱状态。

卡洛尼姆斯·卡尔曼·沙皮拉拉比认为，跳舞和运动能够直接作用于心灵，就像甩掉衣服上的沙子和灰尘一样。身体的运动有助于摆脱不良思绪, 增强内心并且洁净心灵。

不要给孩子泼冷水

有时父母会给孩子泼冷水。当孩子对创作、学习或其他行为表现出极大的热情时, 父母最好不要打击他们的积极性。客观地说, 孩子的行为本身并没有问题, 但有时教育者和父母觉得他们过于投入, 认为他们追求的目标同其能力、精神层次和性格不符, 甚至有些不自量力, 根本无法实现这些目标。但卢巴维奇拉比认为, 即便如此, 也不要明确向孩子表明这种立场。挫伤孩子的积极性只会适得其反, 影响孩子运用自己能力的决心。毕竟, 教育的目的是唤醒孩子隐藏的内在力量, 让他们相信自己, 任何违背这一目的、削弱孩子能量的话都是多余的。

此外, 父母和教育者有时无法体会孩子的处境和他们所面对的挑战。为了应对这些挑战, 他们必须运用自己内在的力量。也许正是孩子坚持要做的这些事情能让他们内心变得更加强大。

拉比还说, 年轻一代人的生活总是充满波澜, 如果父母发现孩子找到某种能让他们同自己平静相处的方式或环境, 千万不要去阻止这一活动, 以免扰乱他们好不容易获得的平静感。当孩子坚持追求一些积极的目标, 那么他们追求消极目标的力量自然会减少。

避免表达对孩子的不信任

贤哲们用另一种方式描述了外部因素对内在自我的影响方式。他们说: "任何人, 如果他四肢健全, 但故意表现得像一个四肢不全者, 那么他在有生之年终将成为四肢不全者。"

根据犹太心灵理论, 这是自取其苦。当我们总是担心别人不相信自己, 或希望得到他人的关注, 我们就可能通过极端的方式来实现这一目的。当我们努力尝试让别人相信我们很可怜, 我们会装成特别可怜的样子，并最终变成一个可怜之人。

施奈尔·扎尔曼拉比认为这种现象也可体现在积极的方面。一个人处在较低的精神层次，内心什么也感受不到，也得不到提升，但是，如果他坚持让自己成为一名"充满爱和敬畏的人"，他外在行为的变化最终一定会进入内心。

同样，这里的改变是自身努力的结果。因此，当我们认为他人相信我们，不会找我们麻烦或怀疑我们，我们就没有必要装可怜，也没必要编造各种谎言。积极的行为能帮助我们实现这种改变。这条原则对我们有效，对孩子同样有效。相信他们的能力，并相信他们能够完成各种任务，是他们保持情绪健康的基础。

肯定孩子的努力，而不是他们取得的成就

为了让孩子取得进步，我们有必要给他们设定可实现的目标，但另一方面，只有充分信任一个人，我们才会对他提出更高的要求，敦促他不断超越自我。超越自我意味着他们相信自己能成功，能够打破那些具有局限性、让他们不自信的思想和情感认知。

如何既能让孩子不断挑战自己的极限，同时又避免给他们设置不切实际的目标和期望？如何设置正确的期望，从而既能让孩子取得各种成就，又不至于给他们太大的精神压力？答案在于，我们应该鼓励孩子付出努力，以此作为最重要的评判标准。

人们不付诸实践或缺少动力的一个常用的借口是成功太难了，所以努力没有任何意义。对抗这种消极态度的方法在于不去考虑未来是否能成功，而是专注于最大限度地发挥自己的能力，付出努力。这样一来，评判人们行为的标准不再是对达成某种目标的可能性，而在于是否充分利用和发挥了自己的能力。这一标准能够避免人们失去行为的动

力，在各种情况下都最大限度地发挥自己的潜能。

坐落于拉姆拉的布兰科·魏斯学校招收的都是被其他学校淘汰的学生。这所学校面临的最大挑战是如何对这些学生提出更高的要求，不放弃他们，促使他们在各个领域取得成就。希利·特罗珀在《世界的地方》一书中讲述了自己在担任布兰科·魏斯学校校长期间的经历和对教育问题的思考。他认为教育的目的是给年轻人赋能，让他们不怕承担风险，相信他人充分信任自己。老师应该让学生知道，不管他们做出什么选择，老师都会支持他们。在书中，他深入思考过这个问题，即到底需要在多大程度上让孩子挑战自己的极限，并对自己的行为后果承担责任？他认为这主要取决于孩子自己，取决于他们到底准备为实现目标付出多少努力。他称之为汗水的检验。

"很重要的一个问题在于弄清学生认为成功和目标的实现是自己的事情还是老师的事情。比如，当学生在毕业考试中取得优异成绩后，他会说："我成功是因为老师对我的帮助。"还是会说："我成功了，因为我付出了巨大的努力。"如果他的回答是后者，老师可以帮助他取得更多成功。所以，学生是否付出汗水和努力，并愿意付出汗水和努力，是一个非常关键的问题。如果答案是肯定的，他就承担起了自己的责任，能不断开拓创新，实现自己设定的各种目标。但如果他只是朝着目标漫步，一滴汗都舍不得流，认为所有的事情都可以交给老师，那他并没有真正承担起自己的责任……"

拉亚兹拉比指出，不管是成年人还是孩子，人的责任是努力去做自己能力范围以内的事，而不是做能力范围以外的事。祖莎拉比也曾说，在进入天堂前，他不担心被问到为什么他在一生中没有做到像摩西一样，但他担心被问到为什么没有做到像祖莎一样。

第十章　影响一切

鼓励孩子努力之所以重要，不仅在于其有助于孩子取得成就，还在于当孩子努力时，他们其实已经成功了。贤哲曾说，奇迹总在人最不经意的时候到来。有时，当我们心无旁骛地做事，不去思考结果，事情反而会朝有利于我们的方向变化。相反，如果我们总想着结果，在过程中我们难免感到失望，会不断问自己，为什么我们期待的事情总是无法发生。

总体上看，犹太教育家鼓励人们努力行动，用劳动和工作照亮自己的生活，并承诺这些付出终将带来回报。贤哲坚持认为："汗水必然带来收获。"辛勤劳动让人拥有前行的动力，不再在意结果，也不再停留在对行动是否值得的思考上，但这种努力往往会带来更好的结果。

有一个年轻人疏于学业，并以此为豪。卢巴维奇拉比在回信中就人生中努力的重要性谈到以下几点：

第一，不付出辛劳就想成功？这不可能。成功离不开努力，在生活中各个领域都是如此。

第二，"所有体面的生活"都是奋斗的结果。没有任何人可以说自己比其他人特殊，不受这条规则的制约。

第三，只有当一个人不再自我欺骗，而是在工作当中和人生道路上脚踏实地，不断努力，才有可能出现奇迹。正如贤哲所言："汗水必然带来收获。"

第四，懒惰和倦怠的状态会对人的精神产生消极影响，让人付出沉重的情绪代价。

第五，每个人来到世上都有自己的使命。"又想完成使命，又不想付出努力"，永远无法完成使命。

现代研究也支持认可孩子所付出努力的方法。如果我们对孩子的鼓励和认可是基于他们所取得的结果，他们就不会无条件地接受自己，也不愿意承担风险。如果是基于他们为实现目标所付出的努力，他们就不再担心失败，也不会失败。

来自斯坦福大学的著名心理学家卡罗尔·德韦克专门研究过影响年轻人的行为动机的因素。她指出，年轻人的自信同未来的成功有着密切联系。具体而言，年轻人的思维模式越成熟，对自己持更加开放的态度，他们就越不会过早放弃，能付出更多努力，坚持更长时间。相反，如果他们认为自己已经定型，不会有大的变化，他们就无法相信自己拥有潜力，也不会付出更多努力。父母无法一直陪在孩子身边，提醒他们看到自己的天赋，让他们相信自己能成功。这些依靠父母鼓励的孩子，当他们独自面对生活时，一旦遇到不顺或挫折，就会怀疑自己的能力。所以，父母应该让孩子不要害怕挑战和犯错，只管竭尽全力，奋力前行。

合理利用时间

所有活动、努力和行为都离不开正确的工具。合理安排日程与珍惜时间也是提升品德的重要组成部分。在这个问题上贤哲曾说："虚度时光令人感到无聊，无聊带来邪恶。"

艾萨克·卢里亚拉比早期的学生塞缪尔·本·艾萨克拉比曾说："浪费时间是人生最大的损失。"因为时间中包含着每一个时刻被创造的价值。当时间被浪费掉，孩子就无法看到每一刻对他而言的意义所在，也无法发现自己在每一刻都拥有影响世界的力量。

父母要尽可能让孩子不要拖延。要想成功地修复品质，远离情绪问题，前提条件是"不要拖延，不要对自己说明天再做某件事……要知道，这些话源于自身的不良倾向，它们最终会反抗你，杀死你"。

第十章　影响一切

孩子小的时候情绪模式还在形成过程中，且大多数时候都无忧无虑，这是培养他们珍惜时间习惯的最佳时机。为了让他们更深刻地理解时间的价值，父母可以陪孩子一起分析孩子需要完成的任务，估算完成每个任务所需的时间，然后对时间进行合理的规划。卡洛尼姆斯·卡尔曼·沙皮拉拉比也主张孩子遵守事先制定的日程安排。不管是学习还是做其他事情，设定日计划、周计划、月计划和阶段性目标，都能避免我们虚度时光。

卡洛尼姆斯·卡尔曼·沙皮拉拉比还要求学生："每天你都要看看你今天的日程清单……要养成习惯，看看有没有昨天未完成的事情，然后迅速将其完成，不管之前是由于疏忽还是懒惰。"

时间总是在不经意间流逝，所以，珍惜时间要"充分发挥主观能动性"，不管做什么事情都需要保持注意力高度集中。

但在当下这个充满诱惑的时代，我们的注意力随时可能被吸引走，做到专注绝非易事。可以说，保持专注的重要性不仅体现在它能帮助我们完成各种任务，还在于它有利于孩子的心理健康。当孩子具备了这种能力，他们就不会让不良思想引起的不良情绪进入内心。当孩子能够专时专用，完成自己的任务，他们使用智能设备的时间自然会减少，这意味着他们已经掌控住自己的时间。

在卡洛尼姆斯·卡尔曼·沙皮拉拉比看来，"如果一个人不知道如何节约和利用自己的时间，从而完成自己的目标，单纯坚定他的决心没有任何意义。对于一个缺少自制能力的人，时间对他而言是一片混沌，注定将被荒废掉"。

当孩子没有合理地安排自己的生活，规划自己的时间，他们主观上就弄不清自己到底在干什么，也无法在特定的时间做特定的事情。所以拉比要求学生不要同时做太多事情，否则每一件事情都只能浅尝辄止，敷衍了事，这实际上是一种自我欺骗。孩子越深刻地认识到努力的重要性，他们就会越勤奋。相反，不管是由于我们还是他们自己的原因，当孩子认为努力没有意义，他们的行为就会懒散，也无法从中得到任何喜悦和成就感。卡洛尼姆斯·卡尔曼·沙皮拉拉比认为，如果孩子无法承担责任，雷厉风行，甚至连起床这种小事也需要父母催促，他们就无法成为勤奋和充满活力的人。而年轻人如果能够勇敢地走出自己的小世界，他们的生活会充满意义。一个不做选择和不付出努力的人不管做什么事都只能停留在表层，缺乏深度，也无法对生活充满热情。

鼓励孩子参与活动，付出努力，是避免慵懒和懈怠的最佳方法。由于这些品质在人内心根深蒂固，所以父母不要营造容易导致孩子懒惰和懈怠的环境，而是要创造一种鼓励行动、学习和充分展现自身力量的积极氛围。

新鲜事物和手机的使用

几乎所有人都同意，应当限制孩子使用智能手机的时间。尽管手机可以给我们的生活带来诸多便捷，但即便不去参阅相关研究，我们也能想到，手机的使用会影响到孩子的社交关系、注意力和对外界的关注。

意识到应当限制手机的使用并不难，困难在于如何落实。我们自己都很难放下手机，更不要说孩子了。在这里，我们不妨分析一下我们如此依赖手机的深层原因。

根据犹太心灵理论，人们之所以会长时间使用手机，本质上是由于一个积极的原因：人本能地渴望和追求新鲜事物。手机能很好地满足这一来自心灵深处的需求。我们期待有人给我们打电话、发信息或在社

第十章　影响一切

交软件上联系我们，时刻想知道是否发生了新的事情，之前的事情有何进展，他人的观点和立场是什么，其他人如何回应这些观点和立场，以及这一切会对我们产生何种影响。手机能让使用者暂时摆脱看似一成不变、缺少新鲜感的平凡生活，让他们看到这种生活的背后其实有许多事情正在发生，而他们有必要知道这一切。我们离不开手机，因为我们害怕自己会错过某件重要的事情。

根据犹太心灵理论，人之所以会本能地追求新鲜事物，是由于现实具有不断变化和发展的特点。可以高度概括地说，以色列·本·以利撒拉比理论体系中一个核心观点就是认为所有被创造的现实时刻都在变化，世界并非处于静止状态，因此人也需要不断变化和创新。没有变化就没有世界。也就是说，世界是变化的连续体。

因此，人对手机的依赖同现实世界不断变化的特点是一致的，但是，大多数时候，从人的利益角度看，手机呈现新鲜事物的方式是存在问题的。当人期望通过手机来了解和获得新鲜事物，他们很可能失去连接自身内在变化的能力，进而失去改变自身现实、朋友和环境的能力，因为他会认为身边的一切过于平凡，没有改变的希望，只有在那些更激动人心的地方才能让自己内心对新鲜事物的渴望得以满足。

智能手机本身并没有问题，不过是让问题恶化的催化剂。它让人不再努力提升自我，去发现内在的变化和更新，而这才是真正的生命之源。

寻找生命当中新鲜事物的来源没有捷径可循。的确，孩子和青少年容易被这种简便的方式吸引，但如果我们能找到一些符合他们志趣的任务和挑战，他们也会欣然接受。

不可否认，相比于打开电脑或手机让孩子长时间盯着屏幕看，寻找内容积极的任务，让孩子主动完成这些任务，是一件更有难度的事情。但是，考虑到放任自由给孩子带来的恶劣影响，不管这有多困难都是值得的。

我们不要在他处追求心灵的疗愈和真实的生活。当一个孩子发现了内在自我，他就会明白，他并不会错过任何重要的事情，因为他所处之处发生的事情对他来说才是最重要和最真实的。如果总希望自己生活在其他地方或其他时间，我们就无法活在当下，也无法保持专注并融入当下的变化之中。所以，所谓珍惜时间，本质上是让自己在每一个此时此刻都融入心灵所渴求的变化当中。

当一个人同自己的内在自我相连接，并能够充分地利用自己的时间和力量，那么他必然具有生活在此时此刻的能力。如果做到这一点，智能手机将不再是一个烦恼，他甚至不用刻意地关机或远离手机，因为他不再依靠手机来满足他内心对新鲜事物的渴求，他明白，真正的新鲜事物需要靠他自己创造。不管对孩子还是父母而言，只有做到这一点才算真正驾驭了自己的情绪。

假　期

从卢巴维奇拉比对假期的态度也可以看出哈西德主义对待时间的态度。在拉比看来，学校不仅是一个教学的地方，还是一个让学生学习"生命哲学"的地方。生命没有假期可言，孩子如果真心热爱学习，热爱生活，他们根本不需要休息。因此，假期并不是用来休息的，而是用于成长。

现代战争理论之父卡尔·冯·克劳塞维茨曾说，战争是政治交往

第十章　影响一切

通过另一种手段的继续。我们同样可以说，假期是教育通过另一种手段的继续。

我们可以把暑假想象成一名跳远或足球运动员在起跳或射门前往后撤回的那段距离，其目的是为了跳得更远，或把球踢得更有力。同样，假期也是为了让我们和孩子能够更充满活力和动力地面对新的任务，而且更重要的是，通过假期我们更能相信自己的能力。

在实际操作层面，拉比建议人们不要在假期放任自由，因为这种心态在假期结束后很可能会继续存在。为了让孩子度过一个愉快且有收获的暑假，不要让他们完全被自然冲动和倾向所控制。换句话说，假期并不意味着什么事情都可以做。

正确的方法是在假期安排一些必要性不那么强的事情，比如花更多的时间读自己想读的书，组织一些能够帮他人、有意义的活动，或将自己之前学到的东西运用到实际生活当中。从教育的角度来看，假期孩子能取得比平时更大的成就，因为学校的学习具有强制性，当我们被迫做某件事时，往往会产生逆反心理。相比之下，假期的活动则具有更大的自由度，更有乐趣，也更有利于孩子的身心健康。这样一来，学习将成为娱乐的一部分，孩子会对这些内容产生更浓厚的兴趣。

假期切忌让孩子形成一种无聊地坐等开学的感觉。人生中每一刻都有特定的意义和价值。假期并不是一段玩累了就等待开学的时间。每一分钟都应该被充分利用，哪怕是在完全放松的状态下聊天。要知道，放松本身很有意义，放松并不是在等待下一段所谓的精彩人生。

要想度过一个充实的假期，让自己心灵变得更健康，体力得到恢复，并拥有行动起来的强烈欲望，前提是保持内心喜悦和平静。如果总觉得自己错过了许多重要的事情，我们永远无法获得这种喜悦和平静感。只有满足于我们拥有的一切，保持喜悦，我们才能获得这种平静感，也才能拥有一个快乐而充实的假期。

让孩子积极地生活，并通过自己的实际行为去影响世界，是教育在实践层面的重要体现。下一章着重讨论使命感及其重要性。使命感能帮助孩子远离和战胜不良情绪，发现积极的情绪和动力。

第十一章

意义和使命

用皮亚塞奇诺大拉比的话来说，到目前为止本书给出的建议和见解不过是完成"清扫灰尘"的工作。《诗篇》中说"要离恶行善"，我们可以把这些建议和见解看作"离恶"的过程，其目的是营造温馨的家庭氛围，避免对孩子造成不利影响。但是，为了加强孩子的自我信念，让他们相信自己的能力，我们在教育上还需要做更多。

施奈尔·扎尔曼拉比曾谈过如何种好葡萄。他说，园丁的工作一方面是保护植物，确保葡萄藤的生长不受"杂草和荆棘的破坏性影响"，另一方面是施肥和灌溉，否则，"再肥沃的土地也无法长出甜美的葡萄"。

教育也需要做这两方面的工作：一方面是去除破坏性影响，另一方面是"修复"，以带来"本质上的改变"。

那么，在教育上，如何完成修复工作，让孩子产生本质上的改变？

意义的力量

如果生活是有意义的，那么这种意义并不取决于生命的长度，如果生活没有意义，那么活再长时间也无益。

第十一章　意义和使命

维克多·弗兰克认为，对意义的追寻能赋予生命丰富的色彩，帮助人们发现生活的美好，克服人生道路上的艰难险阻。意义就存在于这个世界上，人们要做的只是找到属于自己的意义。

弗兰克的话很有启发性，这不仅因为话语本身的力量，还在于他个人的经历。他所著的《活出生命的意义》一书出版于大屠杀之后。该书记录了他在大屠杀期间的亲身经历，解释了他是如何从地狱般的遭遇中走出来的。在之后的书中，他对自己提出的"意义治疗"进行了阐释和扩展。

在他的存在主义分析当中，弗兰克提出人在最艰难的时刻必须承担起塑造自己生命、发现生命意义的责任。在他看来，如果一个人能看到磨难的意义，那他就能承受任何邪恶、羞辱、恐惧和不公。他写道："一旦一名囚犯失去了对自己未来的信念，他的命运就基本确定了。他从那一刻起已经失去活下去的精神支柱。"

弗兰克回忆道，在集中营当中，他强烈地渴望自己能够活着出去，从而将自己关于意义治疗的手稿和在自己脑海中的演讲公之于众，也正是这一信念让他选择勇敢地活下去，最终在最为恐怖的现实中奇迹般的幸存下来。"不顾一切地追求意义，能将彻底的失败转化为英勇的胜利。"这种信念让人掌控自己的精神，即使身体早已身不由己。

孩子应当在生活中寻找哪些意义？如何在日常生活中发现意义？意义如何让人感到喜悦？在这些问题上，弗兰克倾注一生心血的意义治疗中有许多观点与施奈尔·扎尔曼拉比以及哈西德主义心灵理论不谋而合。

脱离和超越自我

　　意义治疗和施奈尔·扎尔曼拉比方法之间最显著的相似之处在于它们都认为，不良品质能否得以改正取决于人们能否不再关注自身。从自我当中走出来，不过分关注自我，这其中蕴藏着保持心理健康的奥秘。只有在自我之外，人们才能找到自己生命的意义。

　　弗兰克指出，如果一个人时刻沉浸在自己的小世界中，总是思考自己的利益，他必然会失去生命的意义，无法率性而充满活力地生活。同样，如果一个孩子总是问自己："我这个人怎么样？别人怎么看待我？我最终能成功吗？我将得到什么好处？"他肯定无法长时间感到幸福。正如弗兰克所言，人一思考自己就会陷入情绪低谷。解决这个问题的方法在于"超越自我"，关注自身之外的人或事是人本身就具有的能力。

　　从这个意义上看，我们在"走出自我"一章中强调的，不要让孩子长期沉浸于个人世界的教育过程非常关键，外在世界中蕴含有丰富的意义。弗兰克承认，意义疗法并不适用于所有人或所有情况，但他同时认为，人的存在取决于对自我意识的压抑。一个生命缺少意义的人不仅很危险，还很难正常生活。或者说，当人只关注自我时，他已经不是正常的人，因为只有发现自己生命的意义，一个人才能基于这种意义正常做决策。缺少这种意义，人只能自私地活着，并注定痛苦不堪。

使　命

　　意义治疗中的"意义"具有强大的指导作用，但同时也让人感到有些捉摸不透。弗兰克认为，虽然每个人生命的意义都不同，但这种意

第十一章　意义和使命

义是客观存在的。人只能发现意义，不能创造意义。不仅如此，他还认为，人也无法创造自己生命中的理想和价值，更无法创造自己。因此，对待意义正确的态度是把它当作一种需苦苦寻觅的外在之物。

此外，即使人们在追求意义的道路上有时可能会犯错，但这并不能成为我们不追求意义的借口。在意义治疗当中，心理医生的任务不是告诉患者生命的意义是什么，而是促使他主动地追寻自己生命的意义。追寻意义的过程非常重要。同样，父母的任务也不是告诉孩子他们生命的意义是什么，而是促使孩子去追寻自己生命的意义，去发现它，并为之奋斗。父母要同孩子一起追问：生命的意义是什么？生活中各种活动的价值是什么？并尝试一起得出答案，用意义来提升自己的精神。当人们发现自己生命的意义，这种意义将激起他们内在的愿望，帮助他们战胜当下各种不良情绪。比如，当孩子感到发自内心希望帮助朋友，即使朋友的行为可能会伤害到他，意义所赋予他的力量也会削弱这种伤害。在意义驱动下的真实愿望不仅不会让受伤的情绪被放大，还会通过激发其他品质来弱化不良品质的影响。在这种情况下，孩子不会只想着自己有多委屈，而是会思考朋友这样做是不是有什么难言之隐。所以，他不但不会感到痛苦或尝试报复，还会对朋友表示理解。

孩子生活中的意义是什么？这随着年龄的变化而变化。他们生活中的意义可能是完成某个任务、创作一个作品、写一篇文章、组织一个活动或做一些能帮助朋友或其他人的好事。

施奈尔·扎尔曼拉比和犹太心灵理论也认为，生命的意义就在世界和人当中，人必须努力追求自己生命的意义。但是，意义并不是虚无缥缈的东西，施奈尔·扎尔曼拉比给生命的意义增加了一个层面，并将其定义为使命。人的使命就是在生命当中不断发现美好，修复自

我，战胜不良倾向和情绪，并发现生命中每一个当下和每一个细节中
所蕴含的重要性。人之所以要从自我世界中走出来，就是为了更好地
发现这一使命，去战胜自己自私的天性，去发现现实当中的崇高性。
每一刻，人都要从狭小的个人世界走到广阔的外在世界，思考如何完
成自己的使命，修复自我，获得成功，发现在自私心灵之上那个更为
崇高的心灵。保持使命意识能让人注意自己每一刻的思想和言行。不
管是为人父母、夫妻之间的相处，还是在工作和事业上，我们都有自
己的使命。使命能让我们在生活中保持头脑的清醒，分清孰轻孰重，
并充满活力，确保精神对身体的支配地位。

当人发现了自己的使命，他会切实承担起自己生命的责任，不再
成为环境的受害者。在这个问题上维克多·弗兰克精辟地说道："当我
们将某人视为环境及其影响的牺牲品，我们不仅不会像对待正常人那样
对待他，还会削弱他改变自身的欲望。"

观念的转变

培养孩子发现生命的意义，拥有使命感，是教育的重要目的，也
是提升孩子精神境界的关键。卢巴维奇拉比曾说，婴儿出生后都需要吃
东西，但食物可分为多种：第一种是身体自然生长所需的食物；第二是
需尽量避免的有害的食物；第三种虽非必需，但能增强力量、带来欢乐
的食物；第四种是心灵所需的精神食粮。

使命感就属于最后一种食物。这种食物能彻底改变人的观念。皮
亚塞奇诺大拉比对他的学生们解释道：

第十一章 意义和使命

听好了：内心的关切和对自己目标锲而不舍的追求完全取决于你的观念。

比如，一个曾经富有但后来变穷的人，只要他继续视自己为富人，并不断思考自己为什么会变得贫穷，为什么其他富人可以继续过着富有的生活，不断地追问……他内心就会一直关心这件事，并不断寻找重新变得富有的方法……但如果他换一种观念……就不再关心这件事，也不再会寻找重新变得富有的方法……

犹太心灵理论强调，每个人，不管处在什么年龄，其生活很大程度上取决于他的观念。如果他认为每个人都有自己的使命，而且现实会全力帮助他实现自己的使命，他就不会在意那些未能实现的期望。他所遇见的一切都是为了帮助他修复自己的情绪，发现更高层次的视角，为世界带来更多的光。每一刻和每一个事件都是为他特别准备的。相反，如果他总认为以前的人生活得更有意义，现代人的生活，尤其是自己的生活，则缺少意义，他生命的价值也会大打折扣，他将对每一刻意义视而不见。

使命感来自这种观念，即任何事物都有意义，人的身体和生命的存在就是为了发现这一意义。根据这种观念，意义并不只存在于生活中那些轰轰烈烈的大事，而是体现在人的所有行为、思想和话语中，比如我们对孩子的倾听、我们选择思考的问题，以及我们同爱人的谈话。当下的一刻在价值上并不逊色于历史上任何一个时刻。如果我们否定每一个平凡时刻的意义，认为只有历史上重大事件才有意义，那么我们就剥夺了当下生活的意义。

使命不在于量，而在于质。使命的完成往往是通过对一点一滴小事的关注以及细小的行为。在生活中，对孩子的教育无须等待那些让人欣喜万分或悲伤不已的戏剧性事件，而是让孩子充满激情和活力地度过生活中的每时每刻，在物质世界中发掘精神的力量。

需要强调的是，在自我提升的过程中，我们不采取非此即彼的二元标准，即要么认为一个孩子不相信自己，无法影响现实，要么就认为他拥有强烈的自信心，或者，要么认为一个孩子拥有使命感，要么又认为他完全没有使命感。根据犹太心灵理论的观点，即使年轻人在网络上虚度年华，或注意力不断分散，或做什么事都毫无积极性可言，他们仍可能突然开始专心学习，追求理想，无私奉献，遵守戒律，他们的内心被特殊的光照亮，在充分利用自己的潜能。施奈尔·扎尔曼拉比写道，由于感受力不敏锐，他们有时并不知道自己内心被特殊的光照亮，所以这种状态难以持续，过不了多久他们又开始浪费时间。为了获得更多这样的光，人们必须主动靠近光源。或者说，孩子不要先入为主地认为自己找到了生命的意义，或根本没有找到，也不要先入为主地认为自己拥有了使命感，或还没有拥有。我们应该基于每一个具体的时刻去评判自己，而且要相信，每一刻我们都可以超越自我，都可以弥补自己过去在意义上的缺失。使命就在下一个角落等待我们，明白这一点有利于我们完成自己的使命。

自　信

使命感源于一种信念，即相信一切发生的事情都是为了帮助人们完成自己的使命。当孩子认为所有事情都向自己传递着积极的信息，他们就不可能沦为环境的受害者。所有事情都是为了他们更好地修复自我和实现成长。没有任何一刻是毫无意义的。我们生活中每个阶段和每个

第十一章　意义和使命

地点都蕴含着人需要承担和履行的使命和职责。在任何情况下，人都可以找到战胜不良品质和倾向的方法。因此生命中每个阶段都有人需要实现的价值。对一个孩子而言，考试没考好，或没有被朋友邀请参加聚会，并不能影响到他对自己的信念，也不能动摇他的使命感。即使在犯错后父母被老师叫去谈话，他也不应该认为自己存在缺陷或一无是处，而是通过积极应对这些困境和战胜内心退缩的念头来更好地发现自己的使命。

在教育的过程中一定要让孩子明白，每一刻都是为他们量身定制的。这一观念也让时间变得更为宝贵，是修复身体和心灵的重要因素。艾丁·斯坦苏尔茨拉比认为，正是由于这种观念，犹太人的生活具有特殊性。他写道：

犹太生活存在多种职责和使命。根据这种观点，所谓美好的生活，就是能够完成使命的生活。具体而言，这一使命（虽然可具体分成不同细节和部分）就是在保持信仰的情况下去修复身体、心灵和世界。

这一使命并不局限于特定的年龄或生命阶段，而是贯穿所有阶段和处境……不同年龄的人拥有同其能力和境遇相适应的职责，人在年轻时拥有年轻时的职责，在之后的阶段也是如此。

真实的生命是一个不断自我修复和提高的过程。艾丁·斯坦苏尔茨拉比说，在人生之初，人就像一团黏土，"就像一个没有固定形态的容器"。但在接下来的生活中，他"通过学习和实践不断修复自己的身体和心灵，追求自己生命的真实目标，最终得到一个完整的形态……"

根据犹太人的思想，人的使命必须和上帝联系在一起。人一方面拥有使命，另一方面也能通过信仰得到完成使命的力量。犹太人认为，信仰是教育的重要组成部分。施奈尔·扎尔曼拉比曾是哈西德运动的领导人，但他特别重视教育和心灵健康问题，认为不良情绪是精神修行道路上最大的阻碍。一个人若被消极情绪控制，总是感到烦恼或悲伤，总觉得自己是受害者，或对他人心存愧疚，他就无法得到提升，无法发现自己的使命。这就是为什么哈西德主义理论中会如此频繁地提及情绪问题。小孩、青少年甚至成年人，一旦被消极情绪控制，就无法成长或改变自己。

根据这种观念，即使有时人们感到痛苦和艰难，这也不是对他们的惩罚或报复，而是为了让他们成为更好的人。施奈尔·扎尔曼拉比曾讲过国王给自己的孩子洗脚的故事，虽然他拥有仆人万千，但出于爱，他也愿为儿子亲力为之。

综上所述，世上没有任何事情值得我们担忧和害怕。不管发生什么，孩子都要相信，他们永远被爱和被需要。一切困难都在帮助他们成长，即使成长的过程中通常伴随着痛苦。

同样，我们要为孩子营造一种有助于培养他们信仰和自信的环境。比如，有的孩子容易尿床，卢巴维奇拉比认为，其实大多数情况下这也是内心缺少平静感的表现。解决这个问题最好的方式不是针对尿床问题本身，而是加强孩子的自信，保持他们内心的平静。

当缺少信仰和自信，人就会感到困惑和缺少主见，并最终陷入不良情绪。以色列·本·以利撒拉比曾说，如果想毁掉一个人，只需要摧毁他的自信。当一个孩子失去自信，他会陷入剧烈的情绪波动之中，什么事也做不好。他觉得自己的行为没有意义，不相信自己的价值，经常

第十一章　意义和使命

感到空虚和悲伤。相反，信仰和信心则能让人的生活变得丰富多彩，这也是治愈心灵最有效的方法。

意义和使命对心灵的价值

使命在心灵和情绪层面非常重要，它能促使人达到内在的和谐状态。人同时拥有多种心灵力量。如果没有目标，这些力量的用力方向是分散的。当孩子不知道自己的任务是什么，或不确定这是否是自己想做的事情，他内心的力量就会被诸多临时出现的愿望引向不同的方向，这会让他感到不知所措。在这种状态下，他的心灵无法以统一和清晰的方式得以体现。许多相互矛盾且不断变化的欲望会导致他能量的无谓损耗，并让他在面对生活中的种种困难时力不从心。因此卡洛尼姆斯·卡尔曼·沙皮拉拉比说："一个恣意放荡的人，他所有的想法、行为和言语都没有一个明确的目的，一切都随心所欲，甚至在遵守戒律方面也是如此，那么从任何角度都无法定义他到底是谁，因为他根本没有明确的身份。"

不管处在什么年龄，如果一个人的生活缺少使命感，他都会损失许多力量。由于没有明确的目标，他的力量会在不同方向通过不同形式展现出来，一会儿追求这个，一会儿又追求那个。比如，一个孩子可能对某件事表现出强烈的热情，但这不过是"他心灵的抽搐"。生活缺少目的，人无法获得心灵的完整性，在这种情况下，心灵会因为无法统一其内在力量而感到十分痛苦。

使命的存在就是为了统一心灵的力量，这能给孩子带来巨大的变化。使命能根本性改变人的品质，帮助人发现内在自我。当人发现了内在自我,他的不良品质就像被放弃了一样,无法被他感知到。他感到自己内心什么也不缺,十分平静。当孩子找到了自己在世上的使命,或明确了自己的职责,即使受到诱惑,他也不会偏离自己的道路。他的行为从容而自信,因为这就是他想做的事情。他感到极大的归属感,全然地享受这个过程,完全不在意最终的结果。在这种状态下,他往往能够超越自己的局限性。相对于缺少使命感的状态,他会付出更多努力。

据拉亚兹拉比回忆,在他年轻时参加的一次聚会活动中,人们曾提出过情绪提升的两个层次:

在那次聚会上……我的叔叔提出,情绪的修行完全取决于人的理智。当一个人平稳地走过架在泥潭上的木板,是他的大脑在保持身体的平衡。

我的父亲(肖洛姆·多夫伯尔·施内尔松拉比)则说:这些是理智对品质的约束,在这种情况下,理智必须时刻保持警惕,确保品质不会偏离正常方向或失控,而偏离方向和挣脱理智的控制是品质的自然属性。

理智可以控制品质,但这并不构成对品质的修复,或者说,品质仍然是有问题的,只是受到理智强有力的约束。

真正意义上的修复品质当然需要理智发挥约束作用,但实质性的改变只能来自内心的修行……

在孩子身上也是如此。当孩子用理性去引导和控制情绪,那些不良情绪仍然存在,只是由于理性的存在,这些不良情绪没有给孩子带来严重的伤害。理性在指导品质何时表现出来,何时收敛。

在第二层次上,生命的意义和个人使命开始发挥作用,孩子因此感受到一种归属感，这能帮助他们超越自己本占据主导地位的情绪。这样一来，他们做事情更为专注，不再表现得愤世嫉俗或自以为是。

当使用第一种方法，孩子让自己的理解和内心之光去适应自己的品质和现实，所以他们的自然倾向和品质并不会发生本质改变，得到改变的只是它们的外在表现形式。比如，通过这种方法，之前自私的爱可能会回到正确的道路上，但爱的本质并没有改变。

在第二层次上，对使命的追求能够让孩子发生彻底的改变。他不再沉浸在自己的现实当中。使命让他从自然倾向中彻底解放出来。在使命感驱动的精神活动中，精神和智慧之光不会因为个人精神层次的不足而减弱，他所追求的使命能让他所处的现实发生质的变化。

在那些明确了自己的职责、并强烈希望履行这一职责的孩子身上，我们可以清楚地看到这种变化。他们会调动自己全部的力量去完成自己的职责，并做好准备战胜一切可能阻碍他实现这一目标的障碍。

使命对年轻人的重要性

由于使命要求人付出巨大努力，能够聚焦人的精神力量，其对年轻人尤其重要。卢巴维奇拉比指出：

有一群人拥有非凡的力量……年轻人的力量表现在多个方面，他们精力充沛，激情四射，毫无畏惧，追求真理，更重要的是他们在世界上没有太多既得利益需要考虑。

年轻人敢于反抗大多数人的观点，接受各种挑战，包括给他们带来危险的挑战，哪怕他们的人生道路因此发生重大改变，也在所不辞。

但为了充分利用自身的力量，年轻人需要倾听内心真实的声音，期待一个来自内心的、明确而坚定的声音，而不是单纯取悦他人。只有当他们觉得内心让他们承担其重任时，"他们的内心才会觉醒，他们才能充分释放出青春的力量，点燃心灵之火，取得令父母和教育者们无比惊讶的成就。"

随着身体和心理的成熟，青春期的人在精神上开始独立。人在青春期要经历艰巨的挑战和难以应对的困难，这一时期人的内心斗争尤为激烈，本能和冲动表现得尤为极端，如果不加以控制和引导，很可能失去控制。此外，青春期的孩子还特别敏感，很难控制自己的情绪，总是害怕失去自己的独立性和独特性，不愿意别人将自己看成孩子，因此他们很难接受父母或其他成年人的权威。

拉比得出的结论是，孩子的世界观正在形成时是教育他们的最佳时机。当青少年感到生活空虚或没有意义，他们会由于视野狭窄或无知而独自做出一些危及自己未来的决定。因此，父母和教育者一定要全力应对他们的空虚和无意义感，有针对性地解决这一问题，以确保他们能够保持内心的平静，从容地生活。

哈巴德机构驻布鲁塞尔负责人沙巴提·萨尔瓦提斯基拉比曾提到过一个来自显贵家族的学生，他每日发奋学习，但天赋有限，理解和记住同样的内容他要比其他学生付出更多努力。有一次，萨尔瓦提斯基拉比发现这位年轻人神色忧伤，便尝试弄清楚这背后的原因。这位年轻人向拉比倾诉了自己的苦衷，原来，别的学生可以很轻松地读完犹太经典

第十一章　意义和使命

中几页的内容，他却要花很长时间。他抱怨道："这太不公平了，为什么我理解一个问题要付出那么多努力，而那些天资聪颖的人可以毫不费力地成功？为什么我的朋友们可以轻松地完成自己的职责，而我却如此艰辛？"他接着诉说道："有些人向我解释过，通过长期奋斗，我也可以成功，甚至比那些才华横溢的人更成功。他们给我举过埃尔科农·瓦塞尔曼拉比的例子，说他本来天资平平，但通过超出常人的努力，最终成为伟大的学者。但我还是无法理解，为什么我要付出努力，而其他人不用？"

萨尔瓦提斯基拉比建议这位年轻人向卢巴维奇拉比寻求指导和慰藉。

卢巴维奇拉比在回信中避开直接回答这位年轻人的提问，而是反问他：谁说每个人都应该成为伟大学者，或取得非凡的成就？每个人实现自我价值的方式是充分利用自己的力量和才华。通过努力，他可以超越那些拥有才华但没有充分利用自己才华的人，达到更高的精神境界。拉比在信中写道：

上帝不会用厘米或公斤等度量衡来衡量人，或者说，上帝在乎的不是谁更多，而是谁更充分，即更充分地利用自己的能力，更充分地付出努力。此外，每一个人都具备一些特殊的能力，对待这些能力人需要"格外小心"，正是这些能力让他们成为世上独一无二的人。每个人都要相信，世界上从来没有也不会有同他们拥有相同特点、品质和经历的人。每个人都是一个独一无二的小世界。

据萨尔瓦提斯基拉比称，读过卢巴维奇拉比的回信后，这位年轻人的心情彻底放松下来，换了一种眼光来看待自己所面对的挑战以及自己所付出的努力的价值。"他终于明白，他的人生目的不是成功，或让自己变得多么光彩夺目"，而是每时每刻都能投入自己的使命当中，充分利用自己的力量和才华，为自己创造一个丰富的世界。

选择情绪　引导思想

拉亚兹拉比说,穿衣服的方式有两种。第一种,人是重点,衣服附属于他。当看到采用这种着装方式的人,我们注意到的是人而不是衣服,如果被问到这个人最近穿的是什么,我们很可能回答不上来。

第二种方式,衣服喧宾夺主,成为重点。衣服定义人的身份,并控制人的行为,这种人会特别在意自己的着装。

人的思想就是内在自我的外衣。人的理智和情绪通过思想得以表现。所以,在所思所想上,人也可以在这两种方式之间做选择。第一种方式是引导自己的思想,使思想附属于他。人可以按照自己的意愿控制思想。

第二种方式是作为心灵外衣的思想驾驭着他的心灵。这时,人无法控制自己的思想,而是被思想控制和困扰。这种思想会让他内心产生难以控制的情绪,而且往往是负面情绪。当我们遇见这样的人,可以明显感觉到他头顶乌云密布,脑中的各种想法让他心烦意乱,以至于他已无心关注周围的环境。

早在互联网和智能手机时代到来之前的1921年,埃克斯坦拉比详细地讨论过人们注意力难以集中的现象,以及当我们无法控制和引导自己思想时所产生的一系列问题。他写道:

我们看到、听到、读到、所说和所做的很多事情同我们的精神特

第十二章　选择情绪　引导思想

质与心灵属性相背离。这些事情不仅无法给我们带来好处或心灵的成长，相反，还会使我们的心灵偏离原本的发展方向，因为它们会控制和干扰人的思想，让人难以自拔。

这会给我们带来许多心理问题和困惑，让我们逻辑混乱，不知道自己到底想要什么……之所以如此，仅仅是因为我们没有分清哪些东西可以吸收，哪些东西是要尽可能远离，甚至要完全抛至脑后的，因而我们吸收了很多同内在自我无关的外在之物。每一种外在之物都尝试把我们引向某一方向，以至于我们都弄不清楚我们到底是谁，我们真正的意愿和倾向又是什么……

埃克斯坦拉比想告诉人们，由于人，尤其是孩子，在不辨真假、主次和好坏的情况下就盲目"吸收了许多东西"，他们无法认识真实的自我以及自己的真实愿望。许多人认为如果一个人目标过于明确，会错过许多其他机会和乐趣。在埃克斯坦拉比看来，这种观点完全是思想混乱的产物，没有任何道理。

哈西德主义学者认为，孩子需掌握的内心修行原则之一就是保持思想的有序性和规范性。他们必须明白什么是值得思考、具有建设性和带来成长的想法，什么是任何情况下都要拒绝和远离的想法。他们要学会识别能够引发和抑制不良思想的方式。拉亚兹拉比指出，如果一个人心智健全，他的想法往往也是合理的。相反，一个不知如何抵制和控制不良思想的人，会时刻感到恐惧、忧虑和愤怒，很难摆脱不良情绪的困扰。

思想可以控制和引导吗?

埃克斯坦拉比曾严厉批评过一个认为无法控制和引导自己思想的人。他指出:"我们为什么不能问一问自己如何保持头脑和思想的秩序? 这才是最重要的任务啊! 然而,我们只在意自己的形体和着装,把大量时间花在外在方面,确保我们在外人眼里完美无缺。但对于我们的思想,我们又做过什么?"

对于人能否控制和引导自己的思想,哈西德理论给出的答案是肯定的。不仅如此,这还是内心提升过程中最为重要的任务之一。埃克斯坦拉比总结道:"当下的困难、愤怒情绪和其他外在之物对我们的影响如同压在小草和蓓蕾上的石头。我们每天都应该及时清理这些负面思想,净化我们的大脑,确保自己的情绪不被这些外在之物扰乱。"

思想的特点

为了限制自己的思想活动,我们必须理解思想的特点。哈西德主义文献对这个问题有过详细而深入的讨论。根据犹太心灵理论,谁能控制自己的思想,谁就能保持情绪的健康。因为思想既能激发情绪,也是情绪的一种表达方式。可以说,每一个思想背后都隐藏着某种情绪,而且这种情绪能够通过思想被不断放大。

当一个人想到未知事物、越来越高的物价或可能发生的某种灾难,这些想法就会让他感到忧虑、烦恼和紧张。埃克斯坦拉比曾分析过一个富人的内心活动:"有时他在心中想象,当他有一座漂亮的房子后,他会变得多么幸福。产生这一画面的力量同他出现这种想法的力量

第十二章　选择情绪　引导思想

是同源的。一旦产生这一想法，这个想法就会不断发展，并最终具有强烈的画面感。这幅画面能给他内心带来喜悦。有的时候，他之所以想建房子，是担心别人把他的钱偷走，或在生意中把钱赔掉。失去钱财的想法在脑海中形成后，他会观察这一想法，继而在心中产生恐惧感。还有的时候，他会想象，当他有了一座房子后，别人会如何羡慕他或尊重他，这时，相应的画面会让他产生傲慢的情绪。"

类似的例子还有很多，比如孩子担心自己没考好的话别人会怎样看待他们，或年轻人害怕自己无法完成自己分内的任务，或过于在意别人对自己的看法而压力很大。在这些情况下，他们会陷入恐惧和忧虑，这些情绪又会反过来影响他们的行为和心情。年龄较小的孩子有时会因为想到恐怖动物而半夜惊醒，或因为想到老鼠等动物而感到特别恶心。这些想法可能受到之前听到的真实事件的影响，比如听说住在附近的一个孩子睡觉时被蛇咬了，或由于不久前看过的电影。不管怎样，这些想法都会带来某种情绪，不良思想会带来不良情绪，甚至让人无法正常行为。

虽然思想只是心灵的外衣，是包括理智和情绪等心灵力量体现的场所，但是，改变这一外衣恰恰是改变情绪的重要方法。犹太心灵理论认为，虽然控制自己的思想是一个艰难的过程，需要经历大量尝试和运用多种技巧，但这是可以做到的。

当我们无法控制自己的思想，我们就无法引导自己的情绪和品质。悲伤的情绪在这方面就体现得尤其明显。父母的难过在某种程度上源于他们对孩子或自己的生活拥有过高的期望。当这些期望没有达成，或仅仅由于他们担心这些期望无法达成，这种想法就会给他们带来苦闷和不满的情绪。

另一方面，如果一个人主动选择自己思考的内容，那么他相当于在选择自己的情绪。如果一个人不去考虑未来的种种不确定性，也不去回忆曾经历过的种种不公，他就能避免负面情绪，保持头脑的清醒。

作为心灵的外衣，思想同心灵有着紧密的联系。思想除了是情绪等内在力量的表达场所，还具有另外两个重要的特性：第一，思想活动一直存在，永不中断。我们只能用一个想法替代另一个想法，但无法中止思想活动，或者说，心灵不会没有外衣。第二，每一刻我们有且只有一个想法。

如何战胜那些带来消极情绪、不受理性控制的思想？

其中一个重要的方法是利用思想的特性。每当孩子用其他思想替代那些有问题的思想时，他就成功地摆脱了这一思想，重新争取到对自己情绪的控制权。也就是说，这种方法并不强调"对抗"以及应对、根除消极思想。根据思想活动的特性，每一个时刻我们只有一个想法，所以我们只需用同价值和意义相关的积极思想取代之前的不良思想，就可让不良思想与其相对应的不良情绪失去生存的土壤。

换句话说，我们能否拒绝负面思想，很大程度上取决于我们转移注意力的能力，去关注那些好的、具有目的性、有益于自身修复和发展的思想。施奈尔·扎尔曼说：

这种邪恶的想法从内心进入大脑……如果人意识到这是邪恶的想法，就会立刻全力将其驱逐，不会接受它……人根本不会考虑将其付诸实践，甚至都不愿意谈论它，因为这时拥有这种思想的人也会变得邪恶……

同样，与朋友相处时也是如此。当一个人心中产生对他人的敌意、仇恨、嫉妒、愤怒或怨恨等情绪，他不会让它们进入大脑。相反，

第十二章　选择情绪　引导思想

他的理性会发挥主导作用，控制内心的情绪向相反的方向发展。

为了摆脱痛苦，人需要说服自己放弃一些带来伤害、没有价值的想法，去关注积极的想法，然而，在实际操作层面，做到这一点并不容易，需克服巨大的内心障碍，转变自己的意愿。这种障碍主要在于，由于种种原因，我们愿意思考那些具有外部性的问题，主动拥抱这些想法，难以摆脱它们的影响。有时，我们甚至发自内心认可这些想法，认为它们是我们自身的一部分，甚至认为它们对我们有益，即使这些想法严重影响到我们的情绪，我们也深信不疑，执迷不悟。要想克服这一障碍，我们要明白这些想法没有任何意义，只会给我们带来伤害，从而避免外部思想以任何方式存在于我们和孩子身上。

例如，孩子听到父母吵架，会认为这都是因为自己。他们很难相信这一想法不但没有任何意义，还会给他们造成情绪上的伤害。又比如，某人看到关于自己的报道，他总觉得这个报道对自己不利，有损他的尊严，不利于他的事业，或担心报道的内容和方式会影响他在读者心中的形象，总之，他一直思考这个问题，越想越觉得问题很严重，很难从这个怪圈中走出来。又比如，一个人在考试前或者面临重大改变前可能会感到压力很大，这种压力有时是由这些想法引起的："事情进展如何""我能搞定吗""我能成功吗""接下来还会发生什么"，诸如此类。他不愿主动释放压力，认为压力是动力，对他有益无害。又或者，他会认为自己本来就这样，因此放弃做出任何改变。实际上，这种压力会让他付出巨大的情绪代价，甚至付出身体和人际关系上的代价，因为他会很容易同朋友或家人发生冲突。此外，大多数情况下，这种压力并不能转化为积极的动力。

如何帮助孩子控制自己的思想?

其实,本书提出的大部分建议都能有效地遏制不良思想,帮助人们用积极向上的思想取而代之。然而,在此有必要更详细地阐述不同阶段控制思想的具体方法。

识别

为了培养孩子控制自己思想的能力,首先需要帮助他们认识到思想和情绪之间的关系。为此,父母要同孩子一起观察各种类型的思想活动,并发现这些思想活动带来的情绪。在这个练习中,父母和孩子也可以观察好的思想活动或其他人的思想活动。比如,父母可以同孩子一起观察,当孩子想到即将来临的假期时,他们有何感受。或问他们,如果一个孩子站在球场上,谁也不和他玩,这个孩子的感受会是怎样。父母还可以同孩子一起分析考试前他们到底在想些什么,以及这些想法产生了哪些情绪。

在明白了思想和情绪之间的关系后,孩子可以进一步学会如何提前发现自己的不良思想,从而更轻松地将其克服。来自外界的干扰性思想最大的问题在于人们有时很难注意到它们带来的巨大伤害,因此难以及时应对和抵制这些思想。因此有必要帮助孩子发现那些给自己带来不良情绪的思想。

以色列·本·以利撒拉比用故事的形式描述过这种情况:

从前有一条异常凶险的路,沿途埋伏有强盗。需从那通过的人,为了避开那些强盗,必须一路小跑。一次,有两个人从那路过。一个头脑清醒,另一个烂醉如泥。第一个人很快就过去了,而他喝醉的朋友却一步一步慢慢地走。路上,强盗们把他打伤,但他醉得不省人事,根本

第十二章 选择情绪 引导思想

不知道发生了什么。当两个朋友再次见面时，第一个朋友想知道这个醉汉是如何死里逃生的。醉汉回答说他也不知道，在他看来，他就这样安然无恙地通过了。当第一个人拿来镜子让他看到自己身上的伤口和瘀青以及衣服上的血迹时，他才意识到自己错了。然而，他还是不记得发生过什么。

以色列·本·以利撒拉比故事中的强盗代表扰乱人心灵的不良思想；醉汉代表没有意识到这些思想危害性的人，因此他没有采取任何防范措施，任由这些思想在他脑海中游荡；清醒者代表明白这些思想危害性的人，因此他有意识地远离这些思想，不让自己被不良思想控制。

大多数人，只要加以指导，提前采取措施，都能避免不良思想的长期存在。但犹太心灵理论描述过一种被称为"邪恶统治"的更难应对的情况。在这种情况下，人产生不良思想，身心上都深受其害。他为此付出了巨大的代价，并不希望自己被这些思想无情地折磨下去。尽管如此，他仍然感到无能为力，难以摆脱这些思想的影响。

"邪恶统治"不会突然出现，而是因为人们从一开始就没能避免不良思想的出现，以至于这些思想变得越来越强大，最终反客为主，"完全将人控制。它们打破一切，抛弃一切，并带来更多的外部思想"。同样，对待"邪恶统治"，越早采取行动越好，等人完全被其控制时再试图解决问题会非常困难。

在"邪恶统治"下，思想带来非常强烈的情绪，完全不受理智控制。缓解这个问题最直接的方式是强迫自己做其他事情，比如运动、打扫卫生、打理花园或帮助他人。此外，还要特别注意自己的饮食。多夫·贝尔拉比认为，身体上出现的小问题可能成为心灵上的大问题，因此，必须通过各种方式保持身体健康。在锻炼时，当人觉得自己内心平静下来，他就会发现，那些"邪恶力量"并不能控制他，"他完全拥有足够的力量来驱逐内心这些邪恶的思想"。

在识别负面思想的过程中，有必要与孩子一同去思考他们在何时何地会产生这些毫无价值的思想，进而发现这些思想容易失控的危险的地点和场景，比如在看着手机屏幕时、长途旅行时或在无所事事时。以色列·本·以利撒拉比曾说，人在目标不明确、注意力不集中时总喜欢乱想，难免引发负面情绪。

总之，为了让孩子深刻理解思想与情绪之间的关系，必须反复地向他们解释某些想法给他们带来的情绪上的影响。这些想法包括："为什么我总是得不到我应得的东西？""为什么别人能得到而我不能？""大家喜欢我吗？""我觉得我不够好"或者"不够聪明"。应当取而代之的是更加健康和可取的想法，比如："当下我的职责是什么""为了发现此刻的意义我应当完成哪些使命""做错了事情并不可怕，我可以改正""不要给自己太大压力""我相信一切都会好起来"。

在教育上，帮助孩子克服消极思想最好的方法就是同孩子一起聊天和锻炼，同时向他们解释不良思想引发不良情绪的心理机制。和大人一样，孩子也应该了解犹太心灵理论的基本内容，尽可能加深对内在自我的认识。当他们明白了情绪的特点，也就更加懂得应对这些情绪的方式。在同孩子的对话中，我们有必要鼓励他们用积极乐观的态度看待事物，发现每一刻的意义，远离不良思想。

思想外在于人，并不能定义或限制孩子，明白这一点有助于他们不再认同头脑中的某些想法。此外，孩子还要明白这些想法本身没有任何意义，必须不遗余力地摆脱它们的控制。但是，人时刻都在思考，单纯驱逐不良思想是不够的，成功做到这一点后，我们还要选择应该关注

第十二章　选择情绪　引导思想

和思考哪些积极的内容，否则，思想的空白会再次被难以控制的不良思想填满。

需要再次强调的是，哈西德主义一贯采用的方法不是解决问题本身或治愈疾病本身，而是主张彻底改变人的观念。所以，在思想问题上，我们也不应该过分关注负面思想本身，而应该关注更为积极和崇高的事情。一味关注负面思想，只会强化这些思想。一味同孩子解释讨论某些负面思想的危害，反而会让他们产生这些负面思想。因此，我们应该关注积极思想，并体会积极思想对情绪状况带来的积极影响。

选择

当孩子理解了思想的特点和原理后，下一个任务就是让他们明白，他们有能力也应该主动做出选择，拒绝接受负面思想。在这个问题上立场必须坚定，切不可犹豫不决，必须尽全力抵制那些扰乱人心的负面思想。如果做出选择时不够坚定，态度模棱两可，外部思想会马上发现孩子的软弱，继续侵入他们的头脑。当孩子做出选择，拒绝接受这些想法，他们实际上就承担起了自己的责任。为了选择，孩子首先必须相信，他们有能力做出选择，也有能力引导自己的思想。

但在这里需要指出，外部思想并不一定是不好的想法。一些好的想法在某些时刻对孩子而言也可能属于外部思想。比如，当一个孩子正在学习，脑海突然想到周末的安排，那么这个想法会让他无法专注于当下正在做的事情。所谓外部思想，就是那些同此时此刻不相关的思想。它们让孩子难以专注，这也是其危险所在。这些思想让孩子难以满足于眼前的事情，而是总想着未来的事情，比如即将发布的新款手机、即将举行的精彩赛事或即将到来的娱乐活动。

显然,扰乱人心的不良思想比让人开心的思想更难摆脱。我们通常也不希望孩子们抛弃那些让他们开心的想法,即使这些想法被定义为外部思想。我们希望孩子过得舒适而快乐。但是,控制思想,防止分心和专注于当下是需要通过训练才能获得的重要能力。这种训练恰恰可以从抵制那些说不上坏但不合时宜、没有意义的想法开始。卡洛尼姆斯·卡尔曼·沙皮拉拉比就介绍过这种方法:

人们许多常有的想法并没有任何目的或意义,仅仅是为了享受,比如回味过去的美好或想象未来开心的事。当你乐在其中时,不妨强迫自己去抗拒它,尝试用更重要的想法去替代它,其目的仅仅是培养控制自己思想的能力和习惯。

让孩子在某些时候赶走那些能给他们带来享受但同当下没有任何联系的想法,是培养他们思想控制能力的重要手段。这种训练的目的并不是为了针对那些想法本身,而是为了培养他们在关键时刻抵制那些带来恐惧和忧虑等负面思想的能力。通过这一联系,孩子能够发现,自己可以用另一个想法取代之前的想法,并时刻保持专注。

需强调的是,我们并不反对思想的创造性,有时我们需要抽出时间专门用于思考问题,这种思考带来的结果恰恰是专注状态下理智的体现形式。

父母要帮助孩子认识到外部思想对于当下没有任何价值。如果放弃对自己思想的控制,并因此放弃对自己情绪的引导,这些无目的的思考带来的愉悦感可能迅速转化为不良情绪。

如何让孩子明白自己可以选择抵制外部思想?我们可以同孩子一

第十二章　选择情绪　引导思想

起发掘他们生活中的成功案例，他们何时成功控制住自己的思想，让负面情绪无法进入他们内心。比如有时他们会长时间沉浸在一件事情当中，不管是拼装玩具、玩游戏，还是进行创作。通过回忆和观察这些经历，他们会明白，自己的确成功地抵抗住外部思想的侵入。意识到这一点有助于他们未来在关键时刻做出正确的选择。

犹太心灵理论强调，积极和专注的思想需要人们付出努力才能获得。外部、负面或具有威胁性的想法是人生的挑战，每当它们出现我们都需要努力应对。我们要么选择不在乎它，用积极的想法替代它，要么选择与之对抗。选择后者意味着我们给予它过多关注，这样一来它们很可能让我们情绪低落，陷入一个充满忧虑感的世界。

我们应该怀着平静和喜悦的心情应对这一挑战。之所以可以保持平静和喜悦，是因为我们明白这是几乎每个人都要应对的内在挑战。这一挑战的存在是为了帮助人提升自我、选择积极的思想，专注于当下的生活。也就是说，如果能改变心态，享受应对不良思想的挑战的过程，这本质上是一个能让孩子得以成长的积极的过程。

另一个鼓励采用的有效技巧是利用家庭或朋友聚会的机会，通过讨论和分享共同做出合理的决定。所做的决定必须是切实可行的，涉及我们的言语、思想或行动，以及克服某种不良品质的具体方式。这种技巧的运用越来越广泛，能够更有效地鼓励参与者采取行动、改变自我。

规定哪些事情应避免思考和谈论

不管是大人还是孩子，人天生喜欢问问题，即使很多时候我们提出的问题本身存在问题。不管怎样，相比父母在孩子面前唠叨不停，孩子向父母提问的时候是父母教育孩子的最佳时机，因为这至少说明他们有交流的欲望。在任何场合和任何年龄阶段都应该鼓励孩子就他们关心的问题提问，这是增强孩子自信以及对父母的信任感的重要方式。哪怕这些问题没有意义或不符合父母的期待，也应当鼓励，因为通过认真回答孩子的问题，孩子会发现我们在乎他们以及他们提出的问题，这样一来他们也会更加相信我们的回答。认真回答孩子的提问是父母的责任，同时也能证明，就算孩子选择了不同于父母期待的发展道路，父母也能坦然接受，没有觉得自己受到威胁。

例如，一个孩子可能会问关于购物或旅游的问题，暗示他们想买某样东西或去哪玩，但父母并不希望他们这样做，或这超出了父母的经济能力。尽管父母会感到很为难，但心平气和的回答将有助于孩子理解父母的现实考虑。相反，如果父母感到自己被冒犯，因此大发雷霆，孩子就会选择退缩，不再愿意同父母交流。拉亚兹拉比认为，不管在什么情况下，认真的回答都能"提升提问者的心灵，而这种提升正是医治其心灵的第一步……也就是说，一切教育的基础在于让接受教育和指导的人成为有更大空间的容器，然后再去提升他，使其从自己的低处和粗俗中走出来"。

然而，有的交流方式不但无法提升孩子，还会降低他们的精神境界。这些交流一般是围绕一些无法改变和修复现实的话题，交流双方不但无法达成共识，还会更加坚定自己的立场，并引发更多不良的想法。当孩子的不良情绪、冲动和品质表现得越来越强烈时，最好暂时不要交流，这只会让问题变得更加严重，导致他们"因为不合理的想象和物欲而痛苦不堪"。取而代之，我们要让孩子明白，并非每一个观点都要表达出来，并不是每一个想法都值得思考。源于自私心灵的思想很多时候不值得思考，也不足为外人道，来自自私心灵的情绪也不能不分场合地向他人发泄。

第十二章　选择情绪　引导思想

借用亚伯拉罕·以撒克·库克拉比的话，那些源于不良品质的观点和思想会让人展现出"极其丑恶的一面"，让人"丧失生命的真谛"。这并不是说我们要忽略内心的声音，变成虚伪的人，而是要努力抵抗不良的欲望和本性，努力去展现我们心灵中美好和健康的一面。需要指出的是，犹太心灵理论认为，一个心口一致的人并不是任何时候都毫无节制表达自己思想和情感的人，因为在这种情况下仍然可能出现"心口不一"的情况。一个真正"思想和言行一致"的人会非常谨慎地对待自己的感受、思想和冲动。这种人绝不会基于个人的考虑和利益来看待他人。不管在什么情况下，我们都应该表现出这种诚恳。

总之，我们要鼓励孩子提问，但一定要让他们对可能引发不良情绪和冲动的话语保持谨慎，因为这样的话语只会让孩子反复思考这些负面问题。

犹太心灵理论要求我们对生命保持清醒的意识，生活在此时此地，不让那些关于过去或未来的没有意义的想法左右我们。从心灵机制的角度看，活在当下的意义之一在于让理智控制思想，避免漫无目的的思考活动。当开始漫无目的地思考过去或未来时，孩子就会失去对此刻的关注，因此也失去了此刻的生活，除非他有意识地选择思考过去或未来。总之，有意识地选择自己思考的内容，避免出现不受控制的思维活动，不但有助于人们活在此时此地，还能帮助人们控制情绪，抵御不良情绪的影响。

本章讨论的控制自己思想的观点同之前章节中提到的其他观点有着密切联系。可以说，思想是心灵机制的一种具体表达形式，而控制自己思想的工作则是提高心灵境界的一种切实可行的方式。只有当我们综合运用所有的原则、见解和建议时，才能更有效地应对不良思想。

后记：走进孩子的内心

"我保证他永不生病。"

在具有里程碑意义的著作《密西拿托拉》的开头，迈蒙尼德提出了人应当坚持的正确观念。在讨论完心灵疗愈问题和描述完各种良好品质后，他转而谈到身体疾病的治疗，解释了人的营养摄入、饮食时间和方式等问题。最后他总结道："任何人，如果能按我所说的方式行事，我保证他永不生病，终老前都无须就医。"

换句话说，迈蒙尼德希望人们相信，人能否保持健康完全取决于自己。只要遵守他提出的规则，就能始终保持身心健康。同样，犹太心灵理论在教育和心灵健康方面也有类似的承诺：只要合理运用，提升原则在任何情况下都能对孩子的心灵产生积极的影响。根据这一原则，在教育中需不断发现孩子的内在力量，让他们对精神的追求超越物质，只有这样，才能培养出能够应对各种复杂情况的幸福的孩子。要相信，当我们信任孩子，爱孩子，并做出有益于他们的决定，他们能很快感受到我们的真诚和努力。当他们明白世界并不是他们的敌人，他们会勇敢地从自己的小世界中走出来。当他们找到自己在这个世界上的职责和价

后记: 走进孩子的内心

值，他们会展现出惊人的力量。当他们理解了心灵的规律，他们将会以惊人的速度明白不良情绪是如何产生的，以及应当采取哪些应对措施。

曾担任海法雷亚利学校校长的教育学教授以赛亚·塔德莫尔反对功能主义教育话语的主导地位，致力于将"提升生活体验"置于教育的中心，这种体验可以体现在应对生活中各种问题的过程中。这一观点同犹太心灵理论非常契合。本书中的观点和建议也有意回避了被许多人接受的功能主义教育话语，因为当我们将提升原则运用到日常生活当中，这种话语会自然地失去影响力。

世上没有完美的教育方式，也没有完美的父母。施奈尔·扎尔曼拉比认为，展现积极的情绪，应对不良品质，是每个人生命中最主要的目的，也是每个人都需面对的挑战。提升教育的核心在于让孩子勇于接受这一挑战，当然，与此同时还要教会孩子与这一挑战密切相关的概念，比如选择、责任、爱、超越和使命。

很多人认为教育就是掌握如何在特定场合对孩子说正确的话，这种观点使教育从艺术沦为技术。孩子的心灵深刻而复杂，这要求我们不能仅仅针对生活中出现的情况提出一些技术性的建议，还要清除他们心灵中的"毒素"（即可能对孩子心理造成伤害的因素）、走进他们的内心，发现他们内在的力量。

可以肯定地说，当清除了孩子们心理环境中的有害因素，如紧张、压力、批判、责备、不合理的期望等，并加入正确的成分，他们的心灵就会得到治愈和提升，他们就会感到发自内心的喜悦，能够发现自身内在的美好、健康和完整性，拒绝接受扭曲的观点和引发不良情绪的不当想法。

我们不妨讨论一些比较极端的情况：当我们发现孩子做出出格的

行为，比如撒谎、偷窃或霸凌，我们不希望他日后成为一个骗子、小偷或恶霸。但我们心里要知道，一个撒谎的孩子并不是骗子，一个参与偷窃的孩子本质上也并非小偷。这时对孩子严厉批评、大声训斥甚至给他们贴上各种标签是没有意义的，惩罚也不一定能起作用，因为这些行为可能导致孩子不自信，不再相信自己所拥有的力量，更不相信他人会无条件地接受自己。他们不会展示自己好的一面，也不认为自己存在好的一面。通常，父母在发现孩子说谎、偷窃或做出其他出格行为时会表现得十分震惊，立马将其视为对自己的辜负和背叛，一切都从自己的利益出发。比如，他们心里会想："我的孩子怎么会撒谎"，或"他怎么能这样对我"。其实，每个孩子都知道不能说谎或偷盗。如果他真不知道，那事情倒简单了，只需向他们解释清楚即可。但更多情况下，孩子明知故犯，因为他不愿继续忍受自己或家庭所处的状态，希望事情能够发生改变，而我们所表现出的震惊并不能改变这种状态。

我们需要找出孩子说谎和偷窃背后的原因：或许孩子想得到温暖与关心；或许他不相信自己能够以合理的方式影响环境；又或许他不认为身边的人接受他，因此通过撒谎的方式来提高他在周围人眼中的价值。再有道理的教导都比不上我们对他们所表达的真情实感。我们要让孩子感受到我们一切是为他们好，他们对我们很重要，我们无条件地接受并爱他们，而且，没有什么事情能影响到他们内在的美好，撒谎也不会伤害到我们对他的爱和信任。当然，在此基础上，我们也要让他们知道，我们绝不接受撒谎的行为，这同他们的人格不相符。当孩子内心的需要得以满足，大多数情况下，这些不良行为就会消失。

孩子每一个行为背后都隐藏着他们内心的需求，需要我们去细心地发现。这种需求可能会通过不良行为表达出来。一旦他们内心的需求得以满足，不良行为一般都能得以解决。比如，我们想让孩子赶紧睡着，但他们不断提出各种无理要求，我们拒绝他们或不情愿地满足这些要求都没有用。如果孩子要喝水，他们并不是真的口渴，他们内心可能希望得到更多关注。一旦发现了这一需求，我们可以通过拥抱或亲密的谈话来轻松地满足这一需求。争吵或拒绝都没有意义，只会让孩子感到更加失落。如果孩子希望得到更多的爱，那这就是他们应该得到的。他们的需求得以满足后自然会更快地睡着。理解孩子的需求还意味着父母应当接受孩子的世界，认识到独立性对他很重要，并保持同孩子的亲密。

成为优秀的销售员

本书列举的案例涵盖各个年龄阶段的孩子可能经历的各种情况。一般来说，任何年龄的孩子都能受到教育的影响，任何情绪状况都能得到改善和提升。不仅如此，在避免孩子受到情绪伤害的过程中父母扮演着重要的角色。这似乎是显而易见的事情，但根据犹太心灵理论，这一点非常关键，有助于加强父母对自身职责重要性的认识。

可以说，不愉快的事件、攻击性的语言或对孩子的利用，哪怕持续时间很短，也会对他们的心灵产生长久的影响。尽管如此，犹太心灵理论强调，反过来这个判断仍然成立。有时，对孩子的一句赞美或一个表示信任的举动也会对孩子产生深远的影响。卢巴维奇拉比说："很多时候，有教育意义的一句话或一个行为能彻底改变人的一生。"

为什么一些连父母自己都记不起来的话或行为能对孩子有如此大的积极影响？这就是提升教育的作用。通过这种教育，孩子发现了自己内在力量的完整性。有时，受教育者所需要的仅仅是一个能够帮助他们清除心灵遮蔽物从而展现出他们心灵力量的"外力"。这种外力可能通过话语和行为表达对孩子的信任、欣赏，或为他们提供指导。

因此，父母有责任在亲子关系中努力创造积极的事件，帮助孩子利用这些事件和时刻改变自己的情绪，长期保持积极的情绪状态。在提升艺术当中，父母的角色相当于理智，孩子的角色相当于情绪。施奈尔·扎尔曼拉比进一步将理智比喻成销售员。当一名销售员在努力解释某样产品的优点时，不管是他本人还是客户，心中都会对该产品产生积极的情绪和强烈的购买欲。相反，如果他总是找产品的缺点，抱怨产品的不足，他只会激起相反的情绪。

理智从来不会创造情绪，情绪本身存在，自有其根源，理智只是帮助情绪得以表现出来，就像销售员所做的只是"激发人心中对某样产品的喜爱和购买欲"一样。

为何要理解理智和情绪之间存的内在联系？这是为了确保我们在孩子以及我们自己面前能成为一名优秀的销售员。所有的品质都潜伏在孩子身上，作为父母和教育者，我们需要选择成为一名成功的推销员，让自己和孩子都看到自身的优点，从而更加热爱生活，还是成为一名糟糕的推销员，不断激发自身和孩子恐惧、忧虑等不良情绪，被不良品质支配。

提升艺术提醒我们，父母教育孩子的最终目的是让孩子保持情绪的健康、发现内在力量，感到发自内心的喜悦，最终获得幸福的人生。良好的情绪能让孩子同我们以及同他们周围环境之间的距离更近，促使他们勇敢地行动起来，而不是缩手缩脚、止步不前。不良情绪则会带来相反的结果。只有时刻记住教育的最终目的，我们才不会主动或迫于外

后记: 走进孩子的内心

界压力让孩子做一些不符合他们内心的事情,因而影响到他们的情绪状态。当我们明白哪些事情能让孩子感到喜悦和发现自身内在力量,哪些事情会起到相反的作用,并为此努力,孩子自然能坚持不懈地完成自己的任务,克服成长道路上的各种困难。当然,与此同时,我们也需要为孩子设置合理的界限,不能满足他们提出的所有要求,长远看,这样做也是为了他们能更快乐。但是,同孩子争吵,或忽视他们内心的需求,只会给他们带来伤害。

不仅理解,还需内化

这本书应该尽可能简短,因为我写这本书主要是为了年轻的后辈。这些年轻人突然掉进了旋涡,里面充满了最困难的教育问题和最错综复杂的生命条件……

昏昏欲睡的人不能在晚上阅读讨论教育的大部头巨著,因为他的眼皮睁不开。一个没睡好的人会容易生气,没耐心,没办法把他从书上学到的有效规则化为行动,所以我尽可能只说重点,这样就不会影响他晚上休息。

科扎克的这段话很符合这个时代的趋势。如今,人们只追求某一思想的主要观点,只在乎这些观点的实用价值。可以说,这个时代任何一位年轻的父亲所了解的事情都远远超过生活在信息时代到来之前的一位长者。但这其中也存在问题:我们倾向于追求新鲜事物,只关心事情的重点,但忽略对新思想的内化,无法深刻发掘这一思想与我们之间的联系。这里所说的是深层联系,而不是单纯的理解。要想调动理智的力量，我们仅在智力上理解是不够的，还需要排除外部噪音的干扰，在生活中切实践行这些思想。

根据犹太心灵理论，教育也是如此。如果不能在日常生活中不断内化和践行这些内容，这些内容对于学习者而言没有任何意义，无法对他们的生活产生实质影响。从这个角度看，本书中介绍提出的建议和观点有两层目的：一是学习能够帮助孩子克服不良情绪的方法，二是将这种方法运用到我们的生活当中。也就是说，阅读这本书不仅仅是为了理解这些教育原则，更重要的是内化和践行。内化意味着我们在阅读过程中需不断审视自己的生活，将书中原则和观点加以调整和扩展，然后有针对性地运用到自己的家庭当中。正如序言中所言，对书中观点的内化不仅有利于孩子的成长，最终还有益于父母的自我提高。

古代贤者也很重视教育孩子和自我修养之间的关系，他们甚至提出："没有孩子的人同死者无异。"他们为什么要这样说？没有孩子就不能过上完整而美好的生活吗？

人可以通过提高自我修养来学习为人父母之道，也可以通过为人父母来学习如何修复自己的品质。"孩子"是一个人实现自我成长、控制自我情绪的重要组成部分。贤哲所说的"孩子"并不是实际意义上的孩子，而是代表着人放弃了自我提高。当一个人情感麻木、充满内疚、紧张和焦虑感，无法产生积极情绪，他就被认为是一个"没有孩子"的人。他可以活着，自食其力，结婚生子，养家糊口，甚至取得巨大的成功，但是，他仍然"同死者无异"。

这种"死亡"在于，人虽然在行为上一切正常，但内心缺少积极情绪，对什么事情都没有兴趣，他们很难为什么事情感到激动，也不会羡慕别人，由于内部能量的无谓损耗，他很容易疲惫，他倾向于从功利

后记: 走进孩子的内心

角度思考自己的每一步以及身边的人和事。他外表活着，内心已经死亡。任何放弃"生产"积极情绪的人，都是没有孩子的父母。他不用道德原则要求自己，不修复自己的情绪，他任心中的情绪自生自灭，他远离人群，逃避现实，因此，他在精神上已经死亡。

犹太心灵理论认为，不管在什么年龄，人都可以"复活"，重新对自己的生活和家庭充满希望。当他不再用利益和损失的功利视角看待生活，当他能够用理智控制自己的情绪，他就能重新充满活力，恢复自己对世界的影响力。他相信自己、家庭以及整个世界。这时，生活中的每一刻和世界上发生的每一件事情对他而言都充满价值和意义。身为父母的优势在于，哪怕有时我们会有自暴自弃的想法，试图逃避自我修炼带来的挑战，但一想到自己身为父母的职责，我们会勇敢地坚持下去。

能否"复活"，完全在于我们的选择。身为父母本身就是一个选择，或者说，这是一个不断选择的过程。在我们做出选择的那一刻，我们就承担起了父母的责任。不做选择，则意味着人没有承担自己的责任，会很快陷入受害者心态。如果一个人不做出选择，现实会替他选择，等待他的将是无尽的痛苦。当一个人主动做出选择，他就不会感到自责，会勇于接受自己犯下的错误。与其踌躇不前，怨天尤人，我们不如思考前进的道路，并勇敢地启程。

当我们做出选择，我们就在用行动告诉孩子，不管什么时候，在什么境遇下，人都有选择的能力，可以选择自己所思和所感。在生命中每一刻我们都应当成为自己内心、思想和行为的主人。我们和孩子的每一个选择所影响到的不仅是我们自己，还包括整个世界。